"Dicen que los diamantes son una cápsula del tiempo, y que los diamantes rosas, al ser diferentes de otros tipos de diamantes, tienen una crónica distinta que contarnos"

Diamantes Rosas

SOL BARRIENTOS

Diamantes Rosas.
D.R. © 2019, Sol Barrientos.
Diseño de portada: Daniela Villa.
Editor: Rafael Arellano, David Chávez.
Imagen de portada: Felipe Gómez.

ISBN-13: 978-0-578-45844-1

USA, ABRIL 2019.

Todos los derechos reservados. Esta publicación no puede ser reproducida, ni en todo, ni en parte, ni registrada en/ o transmitida por un sistema de recuperación de información, en ninguna forma ni por ningún medio sea mecánico, magnético, por fotocopia o cualquier otro sin el permiso previo del autor o editorial.

Diamantes Rosas

SOL BARRIENTOS

Con todo mi amor a mi madre,
Edilma Serrano.

Para Yanira Barrientos
y Orbilma, mis hermanas.

A todas las mujeres del mundo.

Índice

Capítulo I 11
AMIGAS COPIONAS.

Capítulo II 25
HERMANA CELOSA.

Capítulo III 35
ESPÍRITU DE DIVISIÓN.

Capítulo IV 47
UN AMOR MILLONARIO.

Capítulo V 57
MUJER LIBERAL

Capítulo VI 73
MADRE TÓXICA.

Capítulo VII 81
VIOLACIÓN.

Capítulo VIII..........................91
    INFIDELIDAD

Capítulo IX 105
    LA PÉRDIDA DE UN HIJO.

Capítulo X 113
    LA VIUDA

Capítulo XI..........................127
    LA TRAICIÓN

Capítulo XII 137
    LA LUJURIA.

Capítulo XIII 147
    LA DONACIÓN DE ÓRGANOS Y SUS MITOS

Prólogo

Diamantes Rosas es una novela donde las protagonistas son Trece mujeres que vivieron en diferentes épocas y en diferentes países. Ellas narran distintas historias de amor y de horror. Son crónicas, tan llenas de dramatismo, que son capaces de impactar y conmover a cualquier ser humano.

Diamantes Rosas fue escrita para adolescentes que, al comenzar su vida, ignoran todo lo que se pueden encontrar en el camino que vive todo ser humano, pero también para los adultos que, aunque lleven una vida entrada en años, todavía no han podido superar todo el dolor y las heridas del pasado.

Diamantes Rosas les ayudará para darse cuenta de que no son los primeros y los últimos en el mundo con ese dolor provocado por la ignorancia o por la maldad que muchas veces trae sembrada el ser humano en su corazón. *Diamantes Rosas* presenta a trece desventuradas y quizá inocentes mujeres que vivieron casos muy especiales ante la sociedad, que vivieron cerca de personas que estaban enfermas psicológicamente y que les hicieron mucho daño, destrozando sus vidas por unos instantes o por toda la vida. Ellas nos hablan de la manera que sufrieron y de la manera que gozaron por amor.

Diamantes Rosas tiene como finalidad prevenirnos y ponernos alerta ante enfermedades psicológicas, enfermedades que afectan la mente y el corazón que hoy en día mucha gente desconoce. *Diamantes Rosas* hará temblar al lector de horror e impotencia ante los casos de estas trece mujeres, el lector conocerá el daño psicológico que se puede hacer a las personas o recibir de ellas y aprenderán apoyar a las personas queridas que las padecen, con compresión y cariño.

El libro *«Diamantes Rosas»* hará sentir al lector sentimientos encontrados, pero también un camino de salida, ante las trece historias, ante trece **Diamantes Rosas**.

Capítulo I

Amigas copionas.

SOL BARRIENTOS
Melani Casanova.

Melani casanova era una muchacha inteligente, algo ruda porque había crecido rodeada de hermanos hombres, sin embargo, era muy alegre, espontánea, y algunas veces la sonrisa de Melani confundía a los muchachos, porque no sabían si era alegre o coqueta.

La familia de Melani era muy apegada a la religión, por lo tanto, Melani era una muchacha recatada con respecto a lo sexual, llegar virgen al matrimonio eran sus pensamientos. La vida de Melani no había sido nada fácil, Melani había nacido en una familia enorme, llena de carencias, situación que obligó a su padre a buscar nuevas oportunidades de trabajo y sobre vivencia.

Viajar al extranjero fue la decisión que tomó para ayudar económicamente a la familia, sin embargo, no todo sucedió como lo había planeado y su viaje al extranjero por trabajo se esfumó cuando él se enamoró de una mujer, el amor por esa mujer cegó totalmente al padre de Melani, al extremo de no volver a enviarles la ayuda económica que cada mes les enviaba y de no volver a comunicarse con la familia. La nueva mujer del padre de Melani era una mujer muy posesiva y celosa, le dio hijos rápidamente y fue exigiéndole todo lo que ganaba, quería una familia para ella, no quería compartirla con nadie más, así que poco a poco fue alejándolo de su primera familia.

El padre de Melani duró años desaparecido, en una tarde lluviosa, les llegó la noticia de que su padre tenía una nueva familia, una nueva esposa y unos nuevos hijos a los que cuidaba con amor. La noticia causó en la familia de Melani sentimientos encontrados, por una parte, alegría de saber que su padre estaba vivo y, por otra parte, mucha tristeza de saber que su padre los había abandonado por otra mujer.

La madre de Melani trabajaba arduamente para mantener a sus seis hijos, y en una noche llena de angustia económica decidió viajar al extranjero y llevarse a sus hijos. El viaje planeado se realizó con éxito, llegar a un país con otra cultura, no fue nada fácil. Tratando de seguir una vida normal, la madre de Melani buscó una iglesia cerca de la colonia donde habían hecho su nuevo hogar, un hogar donde faltó el cariño y el apoyo económico de un padre. Melani conoció nuevos amigos, dentro de esos nuevos amigos conoció a Débora, una muchacha de su edad, una muchacha muy callada, muy diferente a Melanie en todo. Débora era hija única, era una muchacha muy mimada por sus padres, acostumbrada a tener todo lo que se le antojaba. Débora era muy amada por sus padres. Débora se ganó el cariño de Melani muy rápido, la invitaba a su casa con regularidad, la madre de Débora era muy buena anfitriona y las atendía muy bien a las dos, como si fueran sus hijas, incluso le hacían regalos con regularidad a Melani. Melani empezó a convivir con la familia de Débora, Melani por momentos llego a sentir que tenía otra familia y Débora se ganó su confianza total, ya que Melani creía que la religión hacia a las personas y pensó que porque estaban en la misma religión, su amiga Débora era digna de su confianza total. La amiga de Melani era de familia acomodada, sin embargo, desde un principio Débora empezó a copiar el estilo de vestir de Melani, después su forma de peinarse y poco a poco fue copiando sus palabras más usuales, y hasta sus ademanes. Melani no veía mal que su amiga la copiara en todo, no veía la línea que estaba cruzando su amiga, no veía que su amiga estaba cruzando la línea del respeto a su persona, a su personalidad, y tampoco se dio cuenta en qué momento a su amiga Débora la estaba devorando la envidia. Melani pasaba momentos agradables con su amiga, sin darse cuenta que su amiga se estaba consumiendo en la envidia, por ser como ella. En una de tantas reuniones juveniles que se realizaban en la Iglesia, Melani conoció a un muchacho muy guapo que la impactó desde el primer día que lo conoció, y él no tardó mucho en declararle su amor. Se hicieron novios, y Melani vivía un cuento de amor, había llegado su príncipe azul a su rescate, había llegado para darle cariño, había llegado para protegerla y cuidarla. Melani disfrutaba de la compañía de su novio y soñaba a futuro en formar una familia con él. Daniel el novio de Melani era muy atractivo, por lo que muchas muchachas le coqueteaban. Melani le contaba a Débora que su novio Daniel quería tener relaciones con ella, y que ella le había dicho que amaba a Dios y no podía hacer aquello. Melani le contaba todo a Débora con lujo y detalle de su relación con Daniel. A Débora le gustaba mucho Daniel, y como su gran amiga del alma, Melani, le contaba con lujo y detalle todo lo que le gustaba a Daniel, ella decidió quitárselo. Débora le pidió ayuda a un amigo en común de Melani para conquistarlo, y hasta a su propia madre le pidió ayuda. Débora convenció a su madre de que estaba enamorada de Daniel, y que tenía que ayudarla a quitárselo a Melani. Débora estaba decidida a todo, así que la madre de Débora lo invitó a cenar a su casa, y desde ahí empezó el engaño de Daniel. La madre de Débora la alcahueteaba al grado de dejarlos solos en la casa, con cualquier pretexto, así que como Débora sabía que Daniel quería tener relaciones con Melani, Débora se le insinuaba a Daniel diciéndole que ella se había enamorado de él, y que como estaba enamorada de él, ella quería que él fuera el primero en su vida. Una de tantas noches que Daniel fue invitado a cenar a la casa de Débora, Débora fue el postre de la noche y entonces Débora logro el objetivo y se entregó a Daniel en su propia casa. Débora pensó que, al entregarse a Daniel, él dejaría a Melani, sin embargo, eso no sucedió. Débora siguió teniendo relaciones sexuales con Daniel, pero lo hacían en hoteles fuera de su casa y Daniel seguía siendo novio de Melani. Pasaron los meses y Daniel no dejaba a Melani como Débora lo había planeado, le había entregado su virginidad y a Daniel no le había importado, no se sentía comprometido como ella lo había pensado, así qué planeo embarazarse. Mientras tanto, Débora seguía en contacto con Melani, y Melani le contaba lo mejor de Daniel, lo cariñoso que era con ella y lo enamorada que estaba de él. Débora estaba desesperada y enfurecida por no haber separado a Melani de Daniel. Pasaron los meses y Débora por fin logro embarazarse de Daniel, estaba feliz, había logrado su objetivo y estaba segura de que Melani dejaría a Daniel. Débora y Daniel tenían un amigo en común que se llamaba Cesar. Cesar sabía lo que había con Débora y Daniel, porque Débora lo había hecho su cómplice a propósito. Cuando Débora logro su objetivo de embarazarse, le pidió ayuda a Cesar para que Melani se enterara de que estaba embarazada de Daniel y así lo dejara y ella poder casarse con él, porque Daniel aun estando embarazada no la había dejado, y pasaban los meses y su embarazo ya empezaba a notarse y pronto sería muy difícil ocultarlo. En un día lluvioso y nublado, Cesar fue a visitar a Melani a su casa, se le veía preocupado y triste. Cesar le confesó a Melani lo que estaba pasando con Daniel y Débora, la relación que había entre ellos y el bebé que venía en camino fruto de la traición de su amiga y su novio. Cesar le dio una noticia a Melani que no esperaba, una noticia que le cambiaría la vida, una noticia que le causó una herida muy profunda en su corazón, una herida que le costó cerrar por muchos años. Su amiga del alma estaba embarazada de su novio, ese muchacho con el que había planeado una familia, una vida. Melani no podía creer todo eso, creía enloquecer, no podía creer que su amiga, su gran amiga, la traicionara, que su gran amiga se entregara a su novio y tampoco podía creer que estuviera embarazada. Melani pasó días, meses en depresión, y juró nunca volver a confiar en ninguna amiga, nunca volver a confiar en nadie, ahora sería ella y solo ella, nadie más la volvería a lastimar, nunca lo iba a volver a permitir. La experiencia que vivió Melani fue muy dolorosa, y aunque Melani era una muchacha muy fuerte, fue difícil superarlo, pero jamás volvió a confiar en nadie, solo en Dios. Melani recordaba lo que la biblia decía: —*"Maldito el varón que cree en otro hombre"*.

Débora logró su objetivo y se casó con el novio de Melani. Melani jamás se metió en ese matrimonio, respeto el matrimonio, a pesar de que su ex novio la buscaba aún estando casado. Daniel le lloró a Melani estaba arrepentido y a pesar de que le dijo que no quería casarse con Débora, y que no le importaba que estuviera embarazada, y que con la única mujer con la que él quería casarse era con ella, porque a ella la amaba, Melani no lo perdonó. Fue muy duro para Melani ver a Débora con su ex novio y verlo con un bebe, Débora estaba feliz, no tenía ningún remordimiento. Débora tenía algo que fue de Melani y eso la hacía feliz, lo único que le faltaba a Débora era tomar una pistola, apuntarle al corazón a Melani y gritarle... Yo no soy Débora, Yo soy Melani Casanova y tú no existes. Débora reía de felicidad, mientras que a Melani se le había borrado la sonrisa. Siempre que iba a misa, se encontraban y al terminar la misa, Daniel buscaba a Melani para saludarla, aunque siempre fuera lo mismo, Melani no le contestaba el saludo.

DIAMANTES ROSAS

Pasaron los años y Melani conoció a otro muchacho, que se llamaba Ángel. Ángel tenía un defecto para la gente, era más joven que ella. A Melani no le importaba lo que dijera la gente, la vida la había hecho madurar de golpe, y ahora pensaba solo en ella, a la única que le dio explicaciones fue a su futura suegra, cuando le reclamó que su hijo era mucho más joven que ella. Melani le dijo que ella, que era tan religiosa, buscara en la biblia donde dijera que una mujer enamorada no se podía casar con un hombre enamorado solo porque fuera menor que ella, porque a lo que ella sabía era que la biblia decía:

—El amor todo lo puede, el amor todo lo soporta.

Melani le dijo a su futura suegra que, si encontraba en la biblia algo que prohibiera el matrimonio de hombres de menor edad que la mujer, ella no se casaba con su hijo. La futura suegra de Melani no encontró nada en la biblia para poder impedir el matrimonio de su hijo. Melani estaba dispuesta a todo con tal de defender su amor, no iba a permitir que nada, ni nadie se interpusiera en su amor, nunca más. Melanie se casó con Ángel y formó una familia, años después se enteró de que Débora se había divorciado y se había quedado con tres hijos.

Débora buscó a Melani para volver hacer amigas, pero fue imposible volver hacer amigas otra vez, las heridas que Débora le había causado a Melani no habían cerrado del todo, y aunque Melani la había perdonado, ya no quería tenerla cerca.

Débora le había causado heridas muy profundas, siempre trataba de bajarle la autoestima burlándose de cómo se vestía y como se veía, para terminar haciendo lo mismo, si ella se cortaba el cabello se reía de cómo se veía y en menos de una semana ya se había cortado el cabello igual, o se hacía un peinado, después Débora se hacía el mismo peinado.

DIAMANTES ROSAS

Con el paso del tiempo, Melani conoció casos similares al suyo y estudió acerca de eso y se enteró de que es una enfermedad que no respeta clases sociales, que puede haber gente millonaria copiándole a una de clase baja, o una de clase baja copiándole a una de clase alta o media, y que su amiga le copiaba todo de manera muy consiente. Que esta clase de personas planean todo, incluso investigando con otras personas los gustos que tienen sus víctimas. Que esta clase de personas siempre causa mucho perjuicio, y que es mejor alejarse inmediatamente cuando se vean los signos de alarma, y que por lo general esta clase de personas son las que te buscan para que seas su amiga, (Eligen a sus víctimas) pueden llegar al grado de irte a buscar a tu casa para pretender tu amistad.

Melani aprendió que esta clase de personas, tratan de vestirse igual que tú, y en un caso todavía más enfermizo querer usar tu ropa y tus cosas.

SOL BARRIENTOS

Melani era una persona muy fuerte y esta mala experiencia no la derrumbó, y con la ayuda de Dios, y su familia encontró la felicidad con otro muchacho.

Capítulo II

Hermana Celosa.

SOL BARRIENTOS
Lucreta Alanis.

Lucreta era una mujer muy fuerte que conoció al amor de su vida cuando era muy joven, apenas en sus catorce años. El amor de Lucreta era prohibido, ella provenía de una familia humilde, y su amado, llamado Alexander, había nacido en cuna de oro. La madre de Alexander estaba enterada de los amoríos entre Alexander y Lucreta, y no estaba de acuerdo con este noviazgo, tan disgustaba estaba, que estaba dispuesta a todo con tal de separarlos. La madre de Alexander cumplió su objetivo de separarlos, humillando a Lucreta en cuestión económica. Lucreta se fue de la ciudad, pensó que poniendo tierra de por medio encontraría el olvido a ese amor. Un día regresando a la ciudad, al pasar por la morada de su amado, vio un moño negro, en señal de luto. Lucreta nunca pensó que ese moño negro era por la muerte de su amado, sin embargo, un miedo embargó su corazón, por su mente pasaron todos los habitantes de esa casa, menos Alexander. Cuando Lucreta llegó a la casa de su familia, preguntó muy discretamente quien había muerto en la casa de la familia Bellasteres, la respuesta no fue la esperada, y una aflicción se apoderó de su cuerpo, sus ojos se llenaron de lágrimas, sin embargo, Lucreta pudo contener el llanto, mordiendo sus labios de dolor, evitó llorar frente a su familia y con el corazón partido en mil pedazos, volvió a la realidad, y continuó la plática. Lucreta preguntó por el motivo de la muerte de Alexander, y la respuesta fue, que a su amor lo habían asesinado por tener amoríos con una mujer casada, esos eran los rumores que se corrían en el pueblo. Las amigas de lucreta le habían comentado que ese hombre guapo y adinerado que la acompañaba a la escuela por las mañanas era un mujeriego. Se decían tantas cosas de Alexander, quizá por envidia, porque se daba por hecho que era un muchacho que lo tenía todo, dinero, belleza y que con esas dos bendiciones podía obtener a la mujer que él quisiera, ala que sus ojos miraran con amor o deseo.

Quizá esas dos bendiciones fueron su maldición, fueron su muerte. Se murmuraba en el pueblo que Alexander mantenía relaciones sexuales con muchas mujeres casadas, ¿Por qué con casadas? Quizá por rebeldía en contra de su madre, porque no le permitió tener un noviazgo con Lucreta, o quizá porque muchas mujeres se le ofrecían, ya sea por dinero, sexo o por baja autoestima, pensando que, si el rey Midas las tocaba, ellas se convertirían en oro, y tendrían valor.

La supuesta amante de Alexander por la que fue asesinado, decía que Alexander nunca había tenido relaciones con ella. Que en una ocasión Alexander la vio llorando y le preguntó que tenía, y ella le dijo que tenía mucho miedo, porque su esposo la golpeaba cuando regresaba por las noches tomado y no encontraba una cena digna de él. El hombre quería llegar a su casa y cenar carne, sin haber dejado dinero. Cuando lo recibía con huevos o frijoles la golpeaba. Alexander le dio dinero para que le comprara carne al esposo, por qué sintió pena, compasión por la mujer y por su terrible vida, Alexander era un muchacho muy noble, de muy buenos sentimientos, él nunca pensó que esa ayuda que le brindaba a esa mujer, le fuera a causar la muerte. Quizá el esposo de la mujer sólo usaba este pretexto para golpearla y tenerla atemorizada, controlada, o para que ella no le reprochaba la pobreza en la que vivían. El esposo de la mujer se la vivía tomando y cuando ella empezó a darle carne, se dio cuenta de que alguien le estaba dando dinero, porque él no le daba dinero para carne. Alexander además de ser bendecido por Dios por una belleza externa, también lo había bendecido con una belleza interna, motivo por el que era envidiado por muchos hombres y deseado por muchas mujeres, y Lucreta, la mujer que fue la privilegiada en entrar en su corazón no creyó en él, no creyó en sus palabras, creyó en las palabras de sus amigas, esas amigas que morían de envidia por estar en su lugar. Lucreta visitaba la tumba de su amado, y le lloraba y platicaba todo en lo que en su ausencia le pasaba. Lucreta decidió vivir con ese amor y con ese recuerdo, su dolor no la cegó de odio hacia el amor, sin embargo, sentía envidia de que hubiera personas que pudieran realizar una vida juntos, y se preguntaba:

—¿Por qué yo no pude estar con la persona que amaba?

Lucreta había decidido casarse un día, ya que pensó que estaba viva y tenía derecho a vivir y a tener una familia. Ella estaba viva y Alexander estaba muerto, porque de una forma él se lo había buscado y si él estuviera vivo y ella no, quizá él no lo pensaría dos veces en hacer una familia y ¿Por qué ella no lo iba a hacer? Lucreta en su infancia había sufrido mucho de hambre, y le había faltado mucho cariño y muchas veces pensaba en no tener hijos para que no sufrieran como ella había sufrido. Lucreta vivió rodeada de carencias y de sueños, pensando que quizá algunos de sus sueños eran guajiros. Algunas veces miraba a sus compañeras de clases que cambiaban de zapatos muy frecuentemente, mientras ella iba a la escuela descalza y a veces con hambre, porque no había cenado la noche anterior.

El tiempo pasaba y ella simplemente vivía, conocía gente buena y mala, y la vida le regalaba con los días, con los años, experiencia y maldad.

Llego el día en que ella conoció a un buen hombre y decidió casarse y tener hijos, y aunque la vida le dio la oportunidad de tener una familia fuera de su país, cuando tenía la oportunidad de regresar a su país, siempre visitaba esa tumba de aquel hombre que le había robado el corazón en su pubertad, y Lucreta en su tumba de Alexander le seguía reprochando su amorío con esas mujeres, le reprochaba el no estar con ella, disfrutar la vida con ella, verla como había luchador por superarse, para no seguir siendo esa muchacha humilde económicamente que su madre humilló un día. Lucreta tuvo tres hijas, las dos primeras, una seguida de la otra y la última con una diferencia de once años. Lucreta sufría como madre, al mirar los celos que había entre dos de sus hijas. Lucreta trataba de entender que es lo que quería su hija, con angustia trataba de resolver el problema para que la hija celosa no lastimara a su otra hija, para que en caso extremo no la llegara a odiar. Lucreta quería que sus hijas se amaran y convivieran y el día que ella muriera, sus hijas pudieran apoyarse la una a la otra. A Lucreta le molestaba escuchar a sus familiares y amistades, lo fácil que les era criticarla con la situación que estaba viviendo con sus hijas, escuchar que consentía mucho a una de sus hijas, que le compraba demasiadas cosas a una y a otra nada, sin saber que la hija celosa se encaprichaba en no comprar nada, cuando las llevaba a las dos de compras. Lucreta ya estaba agotada de escuchar lo mismo cada vez que iba de compras con sus hijas, de mirar la misma historia y el mismo final. Lucreta estaba atormentada, no sabía cómo actuar, no sabía qué hacer. Lucreta se sentía mal como madre, sobre todo cuando escuchaba esos comentarios de sus familiares y amistades. Lucreta habló con su hija celosa, planeó ir sola con ella de compras, planeó ir por separado de compras, primero llevar a una y después a la otra hija de compras, y les dio la misma cantidad para gastar. Fue difícil, porque el celo seguía, quizá no igual, pensó que quizá con el tiempo, con la madurez, podría cambiar esa actitud. Lucreta estaba tan desesperada y fue a pedirle un consejo a un sacerdote, y el sacerdote le dijo que tuviera calma, que con el tiempo, ella iba a madurar y pensaría diferente, que quizá cuando tuviera sus hijos, cuando ya fuera madre, ella la entendería.

El sacerdote le contó su historia… Él tenía un hermano que todo el tiempo lo estaba celando con su madre. Cuando él decidió entrar de sacerdote, su hermano entró también, pero no aguantó y se casó y tuvo hijos, cuando él estaba joven y quería salirse de sacerdote por amor a una mujer, porque quería casarse con ella. Su hermano lo reprendió, y le dijo que no se saliera porque ya era sacerdote. Él estaba muy confundido y con miedo, miedo de dejar de ser sacerdote y que esta mujer lo dejara por otro, o porque no tenía la experiencia sexual que cualquier hombre, o porque no podía mantenerla económicamente, o porque simplemente no lo amara.

Al final decidió seguir de sacerdote y alejarse de esa mujer, alejarse del amor de una mujer para siempre. El sacerdote terminó la plática, contándole que su hermano ya no siente celos por él, que él visita a sus sobrinos y los ama mucho, y que ahora él vive solo, solo para Dios. Lucreta se despidió del sacerdote y se fue pensando. No sabía qué pensar sobre la historia del sacerdote, si su hermano no lo celaba porque había madurado, porque tenía hijos y una familia, o no lo celaba porque lo veía solo y encerrado en una Iglesia, y quizá pensaba que quizá él era más feliz a final de cuentas, porque tenía una familia y él no. Entonces Lucreta decidió ser amorosa con las dos y darle las mismas cosas en lo material y pedirle mucho a Dios para que su hija se le llenara el corazón de amor hacia su hermana.

Capítulo III

Espíritu de división.

SOL BARRIENTOS
Mercedes Duvaly.

Mercedes era una mujer sin complejos y egoísta, con una malicia innata, tenía un cuerpo agraciado, era muy blanca, pero sus facciones faciales no eran muy finas y tenía un carácter algo fuerte. Mercedes era una adolescente con ganas de divertirse, le encantaba bailar, sin embargo, sus padres no les permitían salir en muchas ocasiones. Mercedes tenía cuatro hermanas y cuatro hermanos, una de sus hermanas era su confidente. Mercedes tenía una amiga llamada Lina.

Lina era una muchacha no muy agraciada físicamente, era muy delgada, morena clara. Lina le tenía mucha confianza y le contaba muchas cosas de su vida. El día que Lina le presentó a su novio a Mercedes, Mercedes se enamoró perdidamente de él, y sin una gota de compasión decidió quitárselo a como diera lugar, de día y de noche planeaba como quitárselo. Mercedes le platicaba a su hermana Sandy lo mucho que le gustaba Miguel Manuel, y que ella le tenía que ayudar para que fuera su novio, Sandy se moría de la risa con las locuras de Mercedes.

Mercedes pensaba que una buena estrategia para quitarle al novio a su amiga seria intrigar y así lograr dividirlos. Mercedes decidió intrigar acerca de la virginidad de Lina con el novio de su amiga, agregando que la virginidad era algo sagrado que se le entregaba sólo a la persona que se ama de verdad, y que ella Mercedes Duvaly al único hombre que le entregaría su virginidad sería a él, porque él era el amor de su vida. Mercedes ignoraba que su amiga había sido abusada sexualmente, cuando todavía era una niña, nunca imaginó que su amiga Lina había perdido la virginidad de una manera tan cruel, quizá tampoco le hubiera importado. Mercedes intentó de todo, intrigas, inclusive darle su virginidad para comprometerlo con ella. Mientras Mercedes trabajaba en su plan de separar a su amiga

Lina, de Miguel Manuel. Lina, su amiga le contaba lo que está viviendo con su novio, su alejamiento y Mercedes de una manera muy astuta la convence para que deje al novio, diciéndole que su novio no la quería y de que su novio tenía otra, que ha escuchado rumores, y que había visto ciertas cosas y que por miedo a lastimarla había callado, Mercedes le dijo una sarta de mentiras a Lina, de esa sarta de mentiras que dice la gente mala, mañistas a más no poder, y de esa sarta de mentiras que se creen solo las mujeres sin maldad, y sin experiencia en traiciones. Un día Mercedes fue a una fiesta con su hermana, y los ojos de Mercedes se clavaron en los ojos de un muchacho muy galán, resultando ser Miguel Manuel y Mercedes sonrió con maldad y le dijo a su hermana:

—Mira hermanita, ¿quién está allá?

Mercedes se dirigió con pasos firmes y con una firmeza de ganar una batalla, lo saludo y le dijo que bailara con ella, y bailaron, le coqueteo a morir, Mercedes acercaba su cuerpo demasiado, y Mercedes le dijo a Miguel Manuel que no le fuera a decir a Lina que se vieron en esa fiesta, y ese fue el inicio de una traición. Mercedes y Miguel Manuel quedaron de verse en otra fiesta. Mercedes llegó a su casa con su hermana muerta de felicidad, había bailado con su príncipe, sólo tenía que quitar un feo estorbo de su camino, a Lina su amiga. Mercedes no dejó de pensar en Miguel Manuel y espero con ansias la fiesta, se paseó por las tiendas buscando un vestido hermoso, quería impactar a su príncipe. Por fin llegó la fiesta y terminó la espera, Mercedes impactó a Miguel Manuel como lo había planeado, bailó con él toda la noche. Cuando Miguel Manuel impregnado de su olor, de su coquetería y con algunas copas encima, intentó besarla, Mercedes rápidamente se hizo la indignada... Y le dijo a Miguel Manuel: —No me gusta ser la otra, cuando no tengas novia, búscame para ser tu novia, y también le pidió que la acompañara hasta su casa. Esa fue la primera vez que Miguel Angel fue a su casa, le prometió que iba a dejar a su novia, y que le diera tiempo. Entonces se siguieron viendo, y en su casa a escondidas, y por las noches, cuando Miguel Manuel llegaba a su casa le tocaba la ventana y Mercedes salía por la ventana y se la pasaba horas besándolo, y así pasaron semanas hasta que se entregó por amor a él. Después de que Mercedes logro separar a Lina de Miguel Manuel, Mercedes se hizo novia de Miguel Manuel, nadie lo sabía, sólo ellos, se seguían viendo a escondidas y semanas después de lograr su objetivo de separar a su amiga de su novio, Mercedes se escapa de la casa de sus padres para irse a vivir con su novio, con la intención de casarse con él después y quitarle toda esperanza a su amiga de volver a tenerlo.

Mercedes estaba feliz de estar con ese hombre que le gustó desde que su amiga se lo presentó, y realmente no le importaba para nada como se sentía su amiga, si sufría o no. Cuando alguien le preguntaba acerca de eso, decía que Lina se lo merecía por bemba. Además, ella estaba bastante

DIAMANTES ROSAS

ocupada en su fiesta, pronto se casaría y todavía le faltaba comprar algunas cosas para que fuera la fiesta perfecta, el vestido lo había ido a comprar a la capital, era hermoso tanto como ella se lo merecía.

Mercedes contaba los días para ser la esposa de su amado. Mercedes era tan feliz con tan solo mirarlo a los ojos, y cuando hacían el amor, la volvía loca de felicidad, ella decía que lo tenía todo, que tener sexo con el amor de su vida y con un hombre tan bello como él... Era lo máximo, Sin embargo, unos meses antes de casarse, una bala perdida le quita la vida en una fiesta al que sería su futuro esposo, frustrando su sueño anhelado de casarse con él. Mercedes se había molestado con Miguel Manuel, y no quiso acompañarlo a la fiesta, y él se fue molesto con un amigo a una fiesta de unos conocidos.

Para la gente que había estado cerca de Mercedes y Lina, miraban la muerte de Miguel Manuel como un castigo divino enviado a Mercedes, por todo el daño que le había hecho a su amiga Lina, otros pensaban que era el mal Karma que había caído sobre Mercedes por el mal que había hecho. Se corrían tantos rumores, otros decían en voz muy baja que una mujer despechada es capaz de todo, y que quizá Lina había tenido algo que ver con la muerte de Miguel Manuel. Se decía que habían visto a Lina recorrer los lugares más bajos donde vivían hechiceros y que Lina estaba dispuesta a todo con tal de hacerle pagar a Mercedes esa humillación que le había hecho pasar. Mercedes se sentía morir, había vivido los meses de amor más hermosos de su vida, de pasión y de felicidad, mientras su amiga lloraba todos los días por una doble traición, por parte de su novio y su mejor amiga. Mercedes se preguntaba cada minuto que iba a hacer de su vida, sin ese amor, sin el amor de su vida. Después de la muerte de su amado, Mercedes regresó a la casa de sus padres, y mientras pasaban los días, pensaba a donde ir, quería estar lejos de toda la gente que la conocía, quería estar lejos de ese pueblo lleno de hombres machistas, donde la

DIAMANTES ROSAS

mujer ya no vale nada sin la virginidad. Mientras Mercedes vivía el duelo de su amado, su amiga Lina, conocía a Luis Roberto, un foráneo guapo con educación, que había llegado al pueblo. Luis Roberto era un buen muchacho y muy inteligente y supo cómo ganarse a Lina rápidamente con su cariño y detalles. Lina se casa con Luis Roberto y tiene su primer hijo. Lina se enamoró perdidamente de Luis Roberto, realmente nunca había conocido a un hombre tan encantador. Mercedes no soportaba ver feliz a Lina y se sentía frustrada y meses después se fue del país. Mercedes llegó a un país extraño, sin embargo, rápidamente se adaptó a su nueva vida. Sus hermanos le buscaron un trabajo y pronto empezó hacer su vida y a hacer amistades. Mercedes conoció a un hombre físicamente no agraciado, realmente no tenía nada que ver con lo galán que fue Miguel Manuel y empezó a salir por las noches a cenar, y en unas de esas noches los tragos, la manera en que el hombre con experiencia la tocaba y el tiempo que había estado sola la hicieron caer, pese a que Fidel no era ni la sombra de lo que fue Miguel Manuel, y por no seguir sola y el qué dirán se casa, al tener su segundo hijo se entera de que se casó con el ex esposo de su prima hermana, aquella prima que le ayudaba económicamente cuando ella vivía en una gran pobreza con sus padres. Una vez ella escogió ser la otra, la que roba, y ahora el destino la ponía en el mismo lugar. Al enterarse Mercedes su frustración crece, su prima jamás le volvió a dirigir la palabra y con ese acto Mercedes separó a la familia, y desde ese momento su frustración y su infelicidad creció, y todas las veces que tenía oportunidad trataba de separar amistades y parejas, no soportaba ver convivir a nadie, no soportaba ver feliz a nadie. Cuando llegaba a un trabajo, siempre estaba intrigando con sus compañeras. Cuando se rumoraba en su trabajo que una mujer casada tenía un amante en su trabajo, decía que ella nunca había engañado a su esposo, y por sus adentros pensaba que con el único hombre que lo engañaría seria, Miguel Manuel, no le importaría estar

DIAMANTES ROSAS

casada, no le importaría perder la vida con tal de pasar unas horas con el verdadero amor, el día que Miguel Manuel murió, se murió una parte de ella, y jamás volvió a ser la misma, jamás volvió a sonreír con el corazón. Mercedes por varios años y varias noches tenía pesadillas, recordaba esa noche que le dieron la noticia de que Miguel Manuel había muerto de inmediato al recibir una bala perdida directo al corazón, Mercedes estaba en su casa cuando recibió la noticia. A medida que pasaban los años se daba cuenta de que Miguel Manuel había sido el amor de su vida, y no se arrepentía de haberle quitado el novio a su mejor amiga, no se arrepentía de haber probado las mieles del verdadero amor. Pasaban los años, aumentaban sus hijos, tal parecía que los hijos no le habían dado la felicidad, porque ella seguía infeliz y enamorada de ese hombre con el que no pudo casarse. Mercedes vivía una vida vacía, y llena de rencor y odio a la vida y a todo lo que estaba cerca, incluso un espíritu malo se apoderó de ella, un espíritu de división se apodera de ella, y empezo a dividir parejas y amistades, no soportaba ver feliz a otras personas, no soportaba ver feliz a nadie.

Cada vez que regresaba a su pueblo, regresaba a poner flores a la tumba de su amado y sólo se le escucha llorar y decir:
—Qué diferente sería la vida contigo, mi amor.

Capítulo IV

Un amor millonario.

SOL BARRIENTOS
Helena Ruiz.

Helena Ruiz vivía lejos de la ciudad en un pueblo cerca de un rancho llamado "La herradura".
Helena había crecido con una de sus hermanas mayores desde que su madre murió. Su hermana era muy buena y compresiva, sin embargo, no llenaba el vacío que le había dejado la muerte de su madre, su madre le había hecho tanta falta, sobre todo en su adolescencia, sin embargo, la falta de su madre no fue motivo para no querer superarse. Helena empezó a buscar trabajo desde que pudo hacerlo, y el primer trabajo donde empezó a trabajar fue en una fábrica cercana al pueblo. En esa fábrica hacían ropa para una empresa americana, y en esa fábrica conoció a unas de sus mejores amigas llamada Julieta. Julieta era una muchacha muy guapa, con una cara hermosa y un cuerpo delgado y alto. Helena era una mujer que no contaba con una belleza externa, tenía un carácter fuerte y era un poco dura y rebelde.

DIAMANTES ROSAS

Julieta era la única que la podía hacer reír y bailar. Ambas salían juntas a los bailes del pueblo, donde se hacían fiestas muy alegres con muchachos de su edad. Julieta se había convertido en su mejor amiga y se visitaban muy a menudo. Un día Julieta salió a dar unas vueltas en la moto con su novio, y un carro los saco del camino. Julieta se estrelló contra una roca golpeándose la cabeza y murió al instante. La muerte de Julieta para Helena fue un golpe muy fuerte a su corazón que ya había perdido a su madre desde el día que nació. La madre perdió la vida al dar a luz a Helena, el parto se complicó y la partera no pudo hacer nada y entre ríos de sangre la madre de Helena moría y en el momento en que partía a otro mundo sólo se escuchaba decir:

—Quiero que mi hija se llame Helena como mi abuela.

Después de la muerte de Julieta, Helena empezó a tener otras amistades y fue cuando conoció en una fiesta a uno de los hijos del dueño del rancho "La herradura" Arturo. Arturo era un joven buen mozo y millonario, sin embargo, era muy humilde y aceptó la amistad que le ofreció Helena desde el primer día en que la conoció, sin importarle su estatus social. Helena se ganó su confianza y Arturo empezó a confiarle muchas cosas. Helena era la envidia del pueblo por ser la mejor amiga del hijo del millonario y del dueño del rancho "La herradura" de Don Rafael Bentacourt. Helena se fue enamorando e ilusionando de Arturo poco a poco. Helena se negaba a tener novio, siempre estaba comparándolo con su perfecto amigo, su amigo el guapo, el cariñoso, el amable, el caballeroso, el millonario, su amigo el perfecto, el perfecto príncipe azul de sus sueños. Nadie tenía su belleza, ni su sencillez y buen carácter. Helena nunca le comentó de sus sentimientos al joven adinerado, se sumergía en un mar de lágrimas al mirar a las muchachas hermosas y de condición socioeconómica alta, invitarlo a salir. Helena nunca se sintió digna de ese hombre, algunas veces sentía que era correspondida, pero tampoco en esos momentos ella se sentía digna, de ese amor, y lo perdió por no luchar por ese amor. Se rumoraba en el pueblo que ella no se sentía digna de ese hombre porque era de clase humilde, porque no era guapa y otros comentaban que porque no era virgen, y que ella le había contado a una amiga que fue abusada sexualmente de niña, que al perder a sus padres, perdió toda la protección, y que había más de uno que intentara abusar de mil maneras de ella y de sus hermanos huérfanos. Mientras Helena, se sumergía en sus miedos y en sus lágrimas, en el pueblo llegaba una pareja de jóvenes con tres niñas pequeñas. La joven se llamaba Linda, era maestra y una mujer muy guapa, y su esposo era un arquitecto que el gobierno había enviado para un proyecto. La esposa del arquitecto, Linda era agraciada, y bastante ambiciosa para dejar todo con tal de mejorar su futuro, su vida. Linda conoció a Arturo, y desde que lo conoció le gusto, y al enterarse de que era hijo de hacendados, se propuso enamorarlo. Ella se sentía digna de ese hombre, ella se merecía ese hombre, y por supuesto que se merecía vivir como una reina rodeada de lujos, para Linda no era ningún problema estar casada, tener tres hijas y ser mayor que Arturo 10 años, ella se merecía ese hombre y una mejor vida y ya. Linda se convirtió en la amante de Arturo, y con la experiencia que tenía sexualmente y los 10 años que le llevaba a Arturo fueron suficientes para volverlo loco de deseos y amor. Linda abandonó a su esposo sin el más mínimo remordimiento y se llevó a sus hijas con ella, se embarazó de Arturo pronto, dando como fruto de su amor un hijo varón, y el único hijo que le daría. Linda empezó a disfrutar de su dinero y de su amor, como bien se lo merecía, y como se lo merecía... Lo tenía. El día que Arturo se casó con Linda, a Helena le dolió tanto que salió de su país, poniendo tierra de por medio, para intentar olvidarlo. Pasaron los años y ella seguía comparándolo con cuanto hombre se le acercaba, su cara mostraba amargura e infelicidad. Pasaron los años y Helena conoció a un joven nada bello de nombre

DIAMANTES ROSAS

Leonardo, con una figura nada estilizada comparada con su amor imposible. Lo trató por cuatro años, él la cuidaba en enfermedades y en salud, mostrándole su amor en cada momento con detalles, cariño y fidelidad por el gran amor que sentía por ella. El día que el joven le pidió matrimonio, ella se molestó y se fue a su pueblo de vacaciones sin avisarle. ¿Por qué fue Helena a su país? ¿Qué sentía? ¿Qué quería? ¿Ver a Arturo? o quizá comparar el sentimiento que sentía por Arturo y ahora por ese hombre. Helena duro varios meses en su país, disfrutando de la comida tradicional, recordando el pasado, caminando por las calles donde fue la joven más feliz del mundo, visitando los lugares donde conoció a su mejor amiga, visitando los lugares donde conoció el amor, su único amor. Sentada bajo la luna llena y rodeada de oscuridad Helena pasaba los días llorando, abrazando el pasado con desesperación. Un día fue al mercado del pueblo y volvió a mirar después de varios años a Linda la esposa de Arturo, y realmente se sorprendió, a pesar de que los años habían pasado Linda se seguía conservando joven y bella, y vestía elegante como toda una diva. Helena llegó a escuchar en el pueblo que Linda había engañado a Arturo en varias ocasiones y que Arturo estaba enterado de la situación y que a él no le importaba ser engañado en lo más mínimo. Cuando Helena regresó al país, Leonardo ya estaba comprometido, ya estaba preparando su boda con su nueva y guapa novia. Helena se sintió desconcertada por la noticia, nunca pensó que ese hombre nada bello y de cuerpo redondo fuera a casarse con una mujer bella y tan joven. Ella fue a buscarlo para pedirle que no se casara y el joven le dijo:

—Helena, yo di mi palabra y voy a cumplirla, dije que me iba a casar y me voy a casar. Helena te fuiste del país sin avisarme, tampoco me dijiste cuando regresarías. Yo estaba desesperado, te busqué como un loco, te lloré a mares y pensé que nunca ibas a regresar y también llegué a pensar que habías regresado a tu país para buscar a tu antiguo amor platónico y que seguramente habías decidido ser la amante de ese hombre, porque nunca pudiste olvidarlo.

Helena desesperada fue a buscar a la muchacha para pedirle que no se casara porque Leonardo no la quería, y que Leonardo la quería a ella y se lo había demostrado siempre. La muchacha la tachó de tonta, y se casó con Leonardo. Helena le lloró a Leonardo dos años, de día y de noche, arrepentida del maltrato que le había dado a Leonardo por años, arrepentida de no darse la oportunidad de formar una familia. Pasaron los años y un día Helena volvió a ver a su amor imposible en un viaje que él hizo con su hijo al país donde ella vivía, y Arturo, su amor imposible le preguntó:

—Helena, ¿Por qué nunca te casaste? ¿Por qué nunca te diste la oportunidad de tener una familia?

Helena sólo lo miró a los ojos y sonrió triste y al quitar la mirada de los ojos de Arturo se encontró con los ojos de su joven hijo, y Helena dijo:

—¡Como dos gotas de agua! Qué gran parecido entre tu hijo y tú, Arturo, volviste a nacer otra vez amigo. Volviste a nacer amigo.

Después de una deliciosa cena y una extraña platica entre Arturo y Helena, Helena se marchó apresurada a su casa, unas lágrimas se asomaban en sus ojos y ya no podía detenerlas.

Helena recordó el pasado y pensó:

—No te dije lo que sentía por ti Arturo cuando estaba joven y eras soltero, menos ahora que eres casado y con un hijo, menos ahora que nuestra juventud ha partido, que el invierno ha llegado a nuestra piel, a nuestro cuerpo, dulce amor mío.

Leonardo nunca tuvo hijos con su esposa, y Helena se quedó sola toda su vida.

Capítulo V

Mujer Liberal.

SOL BARRIENTOS
Jade Mohamed.

Jade era una joven hermosa, liberal, de mente abierta, que no juzgaba a nadie, que de igual manera podía conversar con una monja o una mujer de la vida galante acerca de sus experiencias. Jade era una mujer independiente que trabajaba para ella misma, para mantenerse libre. Jade tenía su propio apartamento y contaba con un carro, y visitaba regularmente a sus padres para cenar con ellos y charlar con ellos acerca de su vida. Los padres, aunque respetaban la forma de vivir de Jade, aprovechaban cada visita para darles consejos, consejos que Jade no tomaba porque no iban con su forma de pensar. Jade era hija única, sus padres de una forma le habían dado todo desde niña, sin embargo, ella sentía que necesita madurar y ganarse todo sola, y la única forma era alejarse de sus padres, independizarse, y así lo hizo, fue duro al principio, a veces quería dejar todo y salir corriendo a los brazos de sus padres.

Había veces que lloraba, y decía:

—Dios mío, hay mucha gente mala en este mundo, quiero regresar con mis padres, sentirme protegida.

Pero solamente eran momentos difíciles, Jade era muy inteligente y sabía resolver todos sus problemas con inteligencia. Jade rentaba un apartamento con tres recámaras, algunas veces rentaba una de sus recámaras para ayudarse económicamente, aunque no era necesario, todo lo que sus padres tenían sabía que era para ella, y sabía que con tan sólo pedir y estirar la mano, ella podría tener lo que quisiera, pero ella era más fuerte que sus padres y sabía que necesitaba madurar, y sus padres la protegían demasiado.

Jade era una muchacha muy buena, con muy buenos sentimientos, con muchos principios, muy bien educada por sus padres. Jade tenía sentimientos encontrados cuando rentaba uno de sus cuartos, se sentía muy contenta por compartir su nido por muy pocos pesos y, por otro lado, no le agradaba compartir su energía con otras personas.

Jade era muy estricta y muy limpia con su persona y su casa, sin embargo, respetaba que otros no lo fueran. Jade creía en eso de que la energía no se crea ni se destruye, solo se transforma, prácticamente estaba de acuerdo con el padre de la química, el francés Antoine-Laurent Lavoisier. Jade creía que el estar cerca de gente mala, negativa afectaba su energía, a Jade le encantaba rodearse de gente inteligente, positiva y sin vicios de ninguna clase. También creía que el tener sexo con gente mala y negativa afectaba la energía, pensaba algo así... Te acuestas con un mediocre y te levantas mediocre, te acuestas con una persona mala, te levantas con un mal karma, te acuestas con un casado, te levantas con el mal karma del hombre casado, con el mal karma de la esposa y con el mal karma de todos los amantes de la esposa.

Jade se sentía un poco triste porque nació en un país muy machista, y precisamente por ese motivo Jade trabajaba arduamente para viajar y poder cumplir uno de sus sueños...Vivir en Europa donde las mujeres eran más liberales y entonces sentirse como pez en el agua y no fuera de lugar, conviviendo con mujeres que estaban casadas por qué querían que las mantuviera un hombre y a tener hijos como conejos y olvidarse para siempre de sus sueños y olvidarse de vivir para ser feliz, y entonces a vivir para la gente ... Para el qué dirán.

Le enfurecía ver como había mujeres que tenían tan baja la autoestima, que aún trabajando y ganando igual o más que sus esposos, temblaban con la idea de que sus esposos las dejaran y pensaban:

—¿Qué voy a hacer sola, sin un hombre a mi lado?
—Voy a morir de hambre sin un hombre a mi lado.

Jade algunas veces sentía sentimientos encontrados con esas mujeres, a veces se sentía molesta al escuchar a esas mujeres, otras veces quería morir de risa, al escuchar a esas mujeres llorar, golpeadas, con moretones en toda la cara, platicándole y preguntándose:

—¿Qué iban a hacer si sus esposos las abandonaban?

Decían que se iban a morir de hambre.

—¿Morir de hambre? Y en muchos casos ellas ganaban más que ellos.

La madre de Jade le exigía que se casara y tuviera una descendencia, pasaban los años y los padres de Jade veían que Jade no pensaba en casarse, Jade no soportaba la idea de vivir al lado de un hombre machista, mujeriego y golpeador, como abundaban en ese país, y sobre todo casarse con un hombre que no fuera afín a sus sueños.

DIAMANTES ROSAS

Jade decidió que su vida era su vida, y que en su vida mandaba ella. Jade decidió en su vida que no se iba a casar, hasta que encontrara un hombre a su altura, se negaba a vivir toda su vida frustrada bajo un matrimonio, a lado de un hombre que no le gustara, que no amara. Le molestaba ver a sus amigas engañadas desde el noviazgo como algo normal, para después casarse y estar tras una fila de amantes en turno. Jade era una mujer muy guapa e inteligente, a veces se sentía sola, como una aguja en un pajar, necesita urgentemente alejarse de toda esa gente diferente a ella. Un día estaba muy afligida y soñó que se suicidaba y ella se veía en su sueño pálida y sin vida, entonces, Jesús la reprendió en el sueño. Le dijo:

—Jade, ¿Por qué no confiaste en mí?

—Ven conmigo Jade, quiero mostrarte algo, esta casa hermosa, este bebe hermoso y este buen hombre yo los tenía destinados para ser tu familia.

Jade despertó asustada y el teléfono sonó y era de un trabajo que ella había solicitado, trabajo donde conocería a su futuro esposo, el mismo que Jesús le había mostrado en el sueño. Jade estaba emocionada por su nuevo trabajo, estaba pensando en renunciar a su trabajo porque una lesbiana que tenía por jefa la acosaba sexualmente y lejos de reportarla, Jade renunció. Jade ya le había dicho en varias ocasiones que le gustaban los hombres, y ella no respetaba sus gustos… Jade se preguntaba:

—¿Por qué las personas gais piden respeto y muchos de ellos no respetan las preferencias sexuales de otros?

—Ellos no respetan y hacen de todo, hasta lo más bajo por lograr su objetivo.

Jade no la soportaba y cuando invitaba a sus compañeras a fiestas por las noches, ella nunca iba y después de la fiesta a Jade la trataba muy mal. Al presentarse el primer día en su trabajo conoció a su jefe, un hombre muy guapo, inteligente y muy respetuoso, y realmente agradeció haber perdido su anterior trabajo. Para Carlos y

Jade no fue nada fácil llegar a ser novios, ya que a Jade le tenían mucha envidia en su trabajo. Jade era la más joven, la soltera y la que tenía más educación, además de ser la más hermosa, por fuera y por dentro. Las compañeras de Jade eran mujeres casadas frustradas, algunas maltratadas, humilladas, otras abandonadas por las noches, sus esposos ya no dormían con ellas por años, vivían infelices y amargadas, ellos llegaban en la mañana de trabajar, cuando ellas ya tenían que dirigirse a sus trabajos, no había ningún momento para acurrucarse en sus brazos unas horas, muchas veces por la necesidad del trabajo, otros porque ya tenían una amante en el trabajo, y así podían llevar doble vida, o mejor dicho dos vidas a medias. Estas mujeres casadas envidiaban a Jade por lo valiente que era de vivir sola y mantenerse ella sola, mientras ellas no tenían el valor, a pesar de que muchas veces ganaban más que sus esposos. También había madres solteras ya sin dignidad, que se metían sexualmente por unos pesos, con cualquiera de sus compañeros. Estas mujeres eran las que más envidiaban a Jade, ya que Jade ganaba todo su dinero limpiamente, aunque terminaba muy cansada, llegaba a su casa feliz por haberse ganado su dinero honestamente trabajando, gracias a los principios que le habían inculcado sus padres. Estas mujeres se ensuciaban unas a otras, la más manchada era la que les inventaba cualquier cosa mala a otras. Se difamaban entre ellas. Ninguna se salvaba, no había compañerismo, ninguna mujer podía platicar con un hombre, así fuera de trabajo, ya la difamaban, ya era su amante. Había la que siempre se quería pasar de lista, traer abrazando a los hombres, ella si podía porque eran sus amigos, pero que no viera platicando a alguien, porque ya era su amante, solo ella era la decente. Para Jade no fue nada fácil convivir en ese ambiente, eran mujeres con mucha experiencia y con mucho colmillo, mujeres con muchas mañas que intentaron ponerle trampas para tratar de difamarla, una noche Jade cansada de convivir con sus compañeras le reclamo a Dios, y le dijo:

—¿Por qué me estás dando esta experiencia tan dura señor?

—Ya no soporto a esas mujeres.

Al día siguiente miró el periódico y empezó a leer su horóscopo, y el horóscopo decía:
—No te molestes por la experiencia qué estás teniendo en tu trabajo con esas mujeres. Ellas necesitan de ti, y tú necesitas de ellas.
Entonces Jade se quedó pensando y para salir de la duda, les preguntó a todas que habían aprendido de ellas. Ellas dijeron:
—Jade nunca te quejas a pesar de que tienes problemas, las mujeres no necesitan un hombre, pueden solas, aprendí a ser positiva, siempre te vistes bonita, preparas tu comida para el trabajo a pesar de estar sola, aprendí a parar en seco a los hombres, aprendí a ser humilde.
Entonces Jade de regreso a casa no pudo soportar el llanto al subir a su carro, quería a sus compañeras a pesar de todo y ella también había aprendido de ellas. —Ustedes

me enseñaron a ser fuerte, dura, a quererme más, me enseñaron a pelear por amor, me enseñaron a ahorrar, a cuidar mi dinero, me enseñaron a cambiar de piel.

—Y después de esta enseñanza ¿Para qué estoy lista, señor?

Para Jade fue difícil convivir con ellas, sin embargo, con los meses fue haciéndose más dura, fuerte y les ponía el alto. A pesar de ser tan ignorantes esas mujeres, no era la ignorancia la que no soportaba de ellas, era el grado de maldad de esas mujeres, el grado de infelicidad de esas mujeres, y nada más por no tener el suficiente valor para abandonar a sus esposos, o no tener el valor para mantenerse ellas mismas. Jade no le daba importancia a sus comentarios que le decían para molestarlas, a veces platicaba un poco para saber cómo pensaban, que tanto era el grado de ignorancia, para ver el grado de su autoestima. Jade no les creía nada de lo que decían, no creía las difamaciones de nadie, se había dado cuenta como se difamaban entre ellas. Algunas veces se molestaba, según el ánimo que tenía, cuando escuchaba a su paso que se creía superior, y ella murmuraba entre dientes:

—Yo no me siento superior, ustedes se sienten inferiores.

Algunas veces, les daba ternura sus compañeras, eran como niños, se peleaban, se difamaban y en unos días estaban platicando, conviviendo como si nada, quizá la rutina de trabajo, o quizá la falta de dignidad. No faltaba el grupo de religiosas, que eran las primeras en difamar a las demás, las primeras en tratar mal a las demás y, por otro lado, hablando de la humildad y del amor de Dios. Jade, algunas veces se desesperaba al mirar a toda esa gente hacerse daño, perder su tiempo, en eso, en ver como invertían su tiempo, en darle importancia apersonas, haciéndole mal. A veces quería hacer algo, sin embargo, que podía hacer, le estaba costando dirigir su propia vida y no podía desgastarse en arreglar el mundo.

Jade tenía sueños que se cumplían, de niña cuando tenía ocho años había soñado que iba a ser famosa, millonaria, pero que iba a vivir en otro país. Este sueño para Jade fue hermoso y horrible, tan solo de pensar que viviría alejada de sus padres, moría de tristeza.

Cuando Jade tenía diez y seis años, estaba estudiando la preparatoria, y al salir de las clases, fue por un helado y al pasar por una boutique vio un vestido hermoso, que le gustó mucho, se fue de prisa y se lo contó a su madre, su madre aceptó comprarlo, pero primero pasarían por el mercado por algo de frutas y verduras, Jade estaba desesperada, y cuando su madre estaba pagando las verduras, Jade tuvo una visión donde veía que una persona pagaba el vestido que le había gustado, y le dijo a su madre en ese momento que ya no fueran a la boutique porque una persona ya estaba pagando el vestido que le había gustado. La madre de Jade sólo sonrió y le dijo:

—Jade sólo estás desesperada por comprar ese vestido, ten calma, ya vamos para allá.

Jade solo hizo una mueca de enfado. La madre y Jade se dirigieron a la boutique para comprar el vestido, Jade preguntó por el vestido y efectivamente la vendedora le dijo:

—Lo sentimos ese vestido ha sido vendido hace unos minutos.

En otra ocasión, una semana antes de su cumpleaños soñó que en el momento que le cantaban las mañanitas en su trabajo y al partir el pastel su padre caía muerto, se lo comentó a su madre y le pidió que lo cuidara mucho el día de su cumpleaños.

El día de su cumpleaños llegó y Jade no quiso partir el pastel, y en la noche recibió la noticia de que su padre estaba en el hospital, por un infarto al corazón, sólo fue un susto estaba a salvo, como lo había pensado Jade que sería, por eso decidió no cortar el pastel en su cumpleaños y así cambiaría la historia.

Capítulo VI

Madre tóxica.

SOL BARRIENTOS
Ana Patricia.

En un pueblo alejado de la ciudad, nació Ana Patricia, y nació una historia. Ana Patricia era una mujer muy guapa e inteligente que había decidido estar sola en la vida, sin esposo y sin hijos, tenía demasiado dolor en el alma y en el corazón por todo lo que había sufrido en su niñez, algunas veces no podía con ese dolor y pensaba en suicidarse. Ana Patricia no tenía fuerzas para luchar por una familia. Ya llevaba una herida muy grande en el corazón, para además aguantar infidelidades reales, envidias de amistades y familia a la que se enfrenta un matrimonio. Ana Patricia pensaba que en un matrimonio no era necesario inventarle amantes al esposo, para eso estaba la gente mala que intenta romper un matrimonio, gente mala que en muchas ocasiones provocaban un asesinato, como en el caso del libro que escribió William Shakespeare llamado "Otelo" donde a Otelo le dijeron con pruebas falsas que su esposa tenía un amante, y hasta después de matarla se enteró de que todo fue planeado para difamar a su esposa.

Dentro de un hospital psiquiátrico, Ana Patricia escuchaba a su psicóloga decirle:

— La niña dañada que llevas dentro y que parece dirigir tu vida, puede ser sanada.

—Ana Patricia tienes que dejar ir el pasado, vivir el presente y el futuro, nadie puede vivir tu vida, sólo tú.

—Ana Patricia es necesario tomar conciencia y poner nombre a aquello que nos dañó por más difícil y brutal que esto sea.

Ana Patricia recordaba la primera vez que entró por esa puerta, esa puerta que la salvó del suicidio.

—¿Por qué estás aquí Ana Patricia?

—Hace días me alejé de una amiga, porque no me gustaba lo que hacía con su hija. Siempre estaba hablándole mal de su padre, incluso le inventa amantes al esposo.

La niña tiene 25 años y nunca ha tenido novio. Yo sentí mucho coraje y le pregunté:

—¿Por qué haces eso con tu hija, no la quieres?

—¿Quién es el que tiene amantes, tu esposo o tú?

Ana Patricia pensaba que era la conciencia la que no dejaba en paz a su amiga Lorena, la conciencia de Lorena no podía olvidar que había sido amante del hermano de su esposo, y la conciencia se lo recordaba muy a menudo. Lorena había perdido a su primer novio llamado Roberto en un accidente automovilístico un 14 de febrero en camino a su casa de ella. Lorena lo esperó muy bien arreglada todo el día, toda la tarde y toda la noche y él nunca llegó. Por la mente de Lorena pasaron tantas cosas, y una de ellas fue que él estaba con otra, en un día tan especial solo se puede estar al lado de la persona que amas. Lorena estaba furiosa, y se sentía muy humillada, lloró toda la noche acurrucada en su cama. Lorena se había dormido muy tarde, al día siguiente tenía que ir a trabajar con Doña Blanca, ayudándole en la limpieza de su casa. Se levantó temprano tomó un café negro bastante cargado y sin azúcar para poder estar de pie. Lorena llegó como siempre a su trabajo, saludando a su jefa y lista para recibir órdenes. Empezó a trabajar y en un par de horas, su jefa Blanca le estaba dando una mala noticia, había recibido una llamada y ella fue quien le dio la noticia a Lorena:

—Lorena tienes que ser fuerte, tu novio tuvo un accidente automovilístico y está muerto. Lorena no podía creer lo que estaba escuchando y se dirigió al carro de su jefa como un zombi, y llegó al funeral igual, estaba destrozada. Lorena pasó horas con la mirada perdida y cuando reaccionó ya estaba en su casa, y ya habían pasado varios días, del entierro de su amado. Lorena se había apagado, ya no era la misma. Lorena era una muchacha fría y calculadora. Ya no sentía nada por ningún muchacho, sólo odio y desprecio por ellos. Pasaron los meses y se dedicó a jugar con los sentimientos de todo aquel muchacho que se le presentaba en su camino. Lorena decía:

—Yo no soy feliz, pues tampoco ellos serán felices.

Lorena sentía una felicidad enorme y reía a carcajadas cada vez que un hombre le lloraba y le suplicaba amor, llego a tener hasta tres novios al mismo tiempo, para después dejarlos sin motivo y sin razón. Lorena quería que sus ex novios sufrieran la pérdida como ella lo estaba sufriendo. Un día llegó a su casa y el hermano de su novio Roberto la estaba esperando para platicar con ella. Y así volvió varias veces a la casa de Lorena y una tarde le pidió que fuera su novia, Lorena estaba furiosa, lo corrió y le pidió que nunca volviera a buscarla. Y lo odió con toda su alma por intentar manchar el amor que sentía por Roberto y que sentiría para toda la vida, porque ella se había enamorado y jamás se iba a enamorar otra vez. Lorena amaba demasiado a Roberto, y lo comprobó una vez más cuando se casó y el hermano de su esposo la enamoró y ella aceptó sin ningún recato, se entregó al deseo carnal, sin ningún pudor y sin ningún remordimiento, Lorena duró meses siendo la amante de su cuñado, se quemó en la ardiente hoguera de la pasión.

—Doctora, Yo recordé mi infancia, mi madre siempre estaba poniendo en mal a mi padre, le inventaba amantes que no tenía, y cuando llegaba tarde lo insultaba hasta cansarlo y la golpeaba, yo la defendía desde niña, y ella era tan cobarde que me pegaban por defenderla. Algunas veces me sentía confundida porque me golpeaban por defenderla y otras me golpeaba mi padre porque ella le decía que me golpeara porque era una mala hija, porque le desobedecía algunas veces.

—Cuando yo crecí y seguí defendiéndola, de mi padre y de extraños, porque ella me pedía ayuda. Mientras yo la defendía, ella me pagaba queriendo a las personas que me hacían daño, dándole la razón a otros del daño que me hacían, me sentía traicionada y poco a poco fui odiándola.

—Primero odié a mi padre, después a todos los hombres. Y ahora odio a mi madre por haberme destruido la vida, por haberme dejado en esta soledad. La maldigo de día y de noche. Algunas veces sueño que muere y soy feliz porque ya no siento su odio hacia mí. Porque ya no tengo por qué preguntarme:

—¿Por qué me odia mi madre?

—Ana Patricia es imprescindible hacer un duelo: despedirnos definitivamente de la madre que no tuvimos, que ya no vamos a tener y no seguir buscando con manotazos de ahogado maneras infructuosas de compensar ese oscuro hueco. Asumir sin culpa alguna que la madre no se elige y que venimos al mundo programados para amar a quien nos toque de padres. Tomar la decisión interna de poner distancia emocional y física de la mujer que no supo querernos y, sobre todo, hacer del intento de no traspasar la herida a nuestras hijas, un objetivo vital, una cruzada.

Capituló VII

Violación.

SOL BARRIENTOS
Yesenia Bethani.

En una casa de hacendados había nacido una niña muy hermosa, de piel blanca y cabello negro ondulado, en una familia de tres hijos varones, después de tantos años esperando la niña había llegado. Yesenia era una niña muy inteligente y hermosa, mimada por sus padres y principalmente por sus tres hermanos mayores, era la princesa de la casa. Yesenia aparentemente vivía feliz a los ojos de los demás, sin embargo, en su corazón había una zozobra que no la dejaba tener paz. A Yesenia no le gustaba como la miraba su padre, sentía y veía morbo en su mirada, a los 16 años Yesenia ya tenía un cuerpo muy bien formado, y los pretendientes le sobraban, sin embargo, su padre la cuidaba demasiado y Yesenia tenía prohibido tener novio, sin embargo, Daniel era un muchacho muy guapo, mayor que ella cuatro años. Daniel trataba a Yesenia con mucho cariño y además era el mejor amigo de su hermano menor.

DIAMANTES ROSAS

Yesenia aceptó ser su novia, y en un par de años Daniel ya le estaba pidiendo matrimonio. Yesenia era muy querida en la familia de Daniel, todos conocían a la familia, una familia bien que se dedicaba a la ganadería. En una ocasión Yesenia le comentó a su madre de la manera en que su padre la miraba, le comentó que se sentía incómoda con su mirada.

La madre de Yesenia sólo le dijo:
—Hija, sólo estás nerviosa por la boda, no te preocupes, todo va a salir perfecto.

La fecha de la boda se acercaba y ya estaba casi todo listo, sólo faltaba el vestido de novia, y al no ser por la tradición que se tenía en su rancho, que el novio no podía ver a la novia antes de casarse porque era de mala suerte, a Yesenia le hubiera encantado que Daniel la acompañara a escoger el vestido de novia. Yesenia estaba feliz, contaba los días para estar con su amado, contaba los días para ser la esposa de Daniel González. Un día, mientras su madre, Cleo, amasaba la masa para hacer tortillas, mientras el comal se calentaba bajo la leña ardiendo, el padre de Yesenia se acercó a Cleo y le dijo:

—Cleo, tú no vas a llevar a Yesenia a comprar el vestido de novia, es doble gasto, porque yo necesito ir a la ciudad a cobrar un dinero por el ganado que se llevó Don Rafael de la Cueva.

Cleo no estaba muy a gusto con la decisión de su esposo, Alfonso Rivera. Cleo estaba muy inquieta con la decisión que había tomado su esposo y se la comentó a Yesenia y ella tampoco estaba muy cómoda con la idea. Cleo le dijo a su esposo que estaba bien, que aceptaba su decisión que él había tomado y que le había comentado a la prima de Yesenia y que estaba encantada de acompañarla. La fecha para ir a la ciudad a comprar el vestido de novia había llegado, la prima de Yesenia, la hija de la hermana de Cleo la había acompañado. Llegaron a un hotel que había rentado Alfonso Rivera, para darle tiempo a Yesenia a buscar un vestido hermoso para su boda. Una tarde, Alfonso Rivera le pidió a la prima de Yesenia que fuera a comprarle una medicina a la farmacia porque se sentía muy mal, y la farmacia más cercana estaba a una hora del hotel, mientras Yesenia dormía. Un día antes, Yesenia había caminado mucho por toda la ciudad buscando un vestido que le agradará para casarse.

Cuando Yesenia despertó pregunto por su prima Arlete, sintiéndose un poco angustiada. Su padre Roberto le dijo:
—Yesenia, ya despertaste, ven hija a desayunar, ya pedí el desayuno, Arlete no tarda en llegar, salió a caminar un rato.
Pasaron unos minutos después del desayuno, y Yesenia empezó a sentirse mareada, y en el momento en que quiso pararse para dirigirse a su habitación sintió que las piernas no le respondían, y en ese momento, su padre empezó a quitarle la ropa a fuerzas, Yesenia no tenía fuerzas para defenderse, pero aun así, le gritaba que la dejara.

—Suéltame, ¿Qué estás haciendo? No me toques.

Pasaron unos minutos forcejando, cuando despertó en la cama sin ropa, llena de sangre, Yesenia soltó un grito de dolor y desesperación al mirarse sin ropa y mirar sangre.

—Noooo, Dios mío, que me hiciste padre, que me hiciste.

Yesenia se sumergió por un momento en las sábanas de esa cama y lloró a mares, después se levantó y tomó un baño tallando su cuerpo con asco, con dolor, quería borrar todo de su cuerpo, pero en su mente estaba vivo, solo cerraba los ojos y regresaba esa imagen asquerosa donde su padre la tocaba, y pensó que quizá su padre le dio algo, que algo le había puesto en el café, una vez había escuchado a sus abuelas hablar y decir que el café era alcahuete de las brujerías, y Yesenia estaba pensando que ese día el café había sido alcahuete de una violación de un padre a una hija. Arlete llegó, buscándola y diciéndole que se había encontrado a su tío afuera del hotel y le dijo que estaba muy cansado y que él se iba a regresar al rancho y que ellas se fueran cuando encontrarán el vestido y que le había dejado dinero por si necesitaba hospedarse unos días más en el hotel. Yesenia estaba ida, con la mirada perdida. Al día siguiente Yesenia se dirigió con su prima a probarse unos vestidos, Yesenia no podía controlar el llanto cada vez que se probaba un vestido.

Arlete le pregunta sorprendida:
—¿Qué tienes Yesenia?

Yesenia no le contestó y solo se limitó a limpiarse las lágrimas. Escogió un vestido y regresó con su prima al rancho. Su madre estaba muy emocionada con su regreso e inmediatamente le pidió que le mostrara el vestido.
—Te vas a mirar hermosa con este vestido, bueno más hermosa de lo que estás hija.

Pasaron los meses y ya faltaba un mes para qué se celebrará la boda, y un día Yesenia se desmayó y su Madre la llevó al doctor y el diagnóstico le sorprendió a Cleo diciéndole:

—Hija, Yesenia no pudiste esperarte, estás embarazada, pero bueno Daniel es un buen muchacho te va a corresponder, así que esa era la prisa por casarse, muchachos tremendos. Yesenia estaba muy triste y pensativa por la terrible noticia que había recibido, y se dirigió sola a la casa de Daniel para decirles que no habría boda. Todos estaban impactados por la noticia, sobre todo porque Yesenia se le había visto feliz en todo el tiempo de los preparativos de la boda. Daniel estaba desconcertado y trató de que Yesenia entrara en razón, pero fue en vano. Yesenia le dijo a sus padres y hermanos que no se casaría con Daniel. Cleo explotó con la noticia pegando el grito en el cielo.

—Cleo por Dios, que va a decir la gente, estás embarazada y además Daniel te quiere.

DIAMANTES ROSAS

Yesenia no dijo nada, sólo se limitó a llorar con una mirada perdida, y en una noche lluviosa le confesó a su madre que su padre le había puesto algo en el café y que abuso de ella el día que habían ido a comprar el vestido de novia a la ciudad y que estaba embarazada de él. Cleo estaba furiosa, horrorizada y soltó el grito entre llantos, y salió corriendo a contárselo a sus tres hijos. Los hermanos de Yesenia estaban furiosos y en la noche esperaron a su padre para golpearlo sin piedad, le dijeron que se fuera del pueblo, porque si se quedaba lo iban a matar con sus propias manos como a un perro. Alfonso Rivera se fue del pueblo y la familia nunca volvió a saber de él. Yesenia casi no salía de la casa, se la pasaba encerrada, pero en el pueblo se rumoreaba que Daniel no había querido casarse con ella, porque ya estaba embarazada, y no había querido reparar su falta y que eso les pasaba a todas esas muchachitas que caían en los brazos del novio bajo palabras bonitas. Yesenia tuvo a su hijo y se lo dejo a su madre y ella se fue al extranjero a tratar de olvidar y hacer una familia. Yesenia se casó y tuvo dos hijos varones y su esposo era un hombre muy bueno que la amaba a morir. Sin embargo, Yesenia no podía olvidar el terrible pasado que la había marcado y algunas veces tenía pesadillas y despertaba gritando y llorando al recordar a ese monstruo que le había hecho tanto daño.

Capítulo VIII

Infidelidad.

SOL BARRIENTOS
Andrea Lizalde.

Andrea Lizalde, había llegado al extranjero cuando aún era una niña, sus padres se habían mudado junto a sus tres hermanas y un hermano.

Andrea se había enamorado y a los 21 años, llegando a la madurez decidió casarse con un muchacho que había conocido en la preparatoria. A pesar de que Andrea era una muchacha bastante tímida, Alberto la había conquistado con paciencia. Y en menos de un año de novios se casaron, la familia no estaba muy convencida porque el muchacho no estaba legal en el país, la familia tenía duda de su amor. Sin embargo, Andrea confiaba en él, y era la primera vez que se había enamorado y era su primer novio, debido a su timidez, Andrea no había tenido novio, sin embargo, Alberto la había convencido de ser su novia y de casarse con él.

DIAMANTES ROSAS

Al año de casada Andrea tuvo su primer hijo, y a dos años de diferencia ya tenía otro hijo. Andrea estaba feliz, se sentía realizada como mujer, tenía un esposo y dos hijos, había cumplido su sueño de tener una familia.

Sus dos hermanas eran muy unidas a Andrea, y su hermano era el más chico de la familia, era el consentido. Esteban era el menor de la familia, y ya era mayor de edad, y en su trabajo había conocido a Marieta, una muchacha bastante sexy en su vestir, que le encantaba bailar y tomar.

Marieta era muy distinta a Esteban, eran polos opuestos y eso era lo que le llamaba la atención a Esteban. Marieta era guapa, pero un poco inmadura, no pensaba las cosas. Esteban le pidió matrimonio a Marieta y se casaron. Marieta era ilegal en el extranjero. Marieta había platicado con Esteban acerca de su estatus legal y habían planeado primero que le arreglaría los papeles para arreglar su residencia en el país y después tener hijos.

Andrea y Esteban se pusieron de acuerdo para ayudar a sus esposos a tener un estatus legal en el país. En el proceso de cambiar su estatus legal, les llegó la noticia del abogado, que tenían que salir del país y esperar la cita de migración para arreglar su estatus legal, un año fue el castigo para poder arreglar su estatus legal. Andrea estaba muy triste por tener lejos a su esposo, sin embargo, se consolaba pensar que sólo era un año y que pasaría muy pronto. Andrea le daba ánimos a su hermano acerca de su cuñada.

Los meses corrían, Andrea y su hermano Esteban trabajaban arduamente para pagar a los abogados que estaban ayudando en el cambio del estatus legal de sus parejas en el país.
Un día Ana recibió una noticia que no esperaba y que era difícil de creer, su cuñada y su esposo eran amantes, y en la casa de la

madre de Andrea, dónde se había quedado su cuñada a vivir, se le había visto al esposo de Andrea salir en la madrugada en varias ocasiones. Andrea no podía dormir con la noticia que había recibido, y planeó viajar con sus padres e hijos a su país de origen y llegar de sorpresa a la casa de su madre, donde estaba su cuñada.

El viaje se hizo por tierra, en la camioneta de Andrea, Andrea se notaba preocupada y muy ansiosa. Lucía, la madre de Andrea, le preguntaba a menudo, el porqué de este viaje tan sorpresivo. Andrea no pudo fingir más y a unas horas de llegar al destino planeado le confesó la noticia que había recibido, la madre de Andrea estaba sorprendida y se quedó muda con la confesión de su hija y no supo qué decir. Llegaron a la casa de su madre, donde estaba viviendo su cuñada, y lo que vieron los dejó pálidos a todos, su cuñada y su esposo abrazados en una hamaca, riendo a carcajadas. Andrea no pudo contenerse y empezó a gritarles, su cuñada Marieta se paró de la hamaca, y era evidente su embarazo. Alberto no hacía más que gritarle a Andrea. —Andrea, tú eres el amor de mi vida, siempre lo serás. Y se oía gritar a Andrea:

—¿Por qué me hiciste esto, Alberto?

—Andrea tú eras demasiado tímida, me cansé de verte siempre cubierta, me cansé de siempre ser yo el que tomaba la iniciativa. Marieta se sabe vestir, sabe tratar a un hombre, sabe seducir a un hombre. Siempre te pedí que usaras faldas cortas, blusas escotadas, shorts, pero tú siempre vestías demasiado seria.

Andrea los corrió a los dos, los hijos de Andrea lloraban a llanto abierto. Andrea le habló por teléfono a su hermano Esteban para contarle que su esposa era la amante de su esposo. Esteban estaba aturdido, no lo podía creer, y llamó al abogado para cancelar el proceso para que su esposa Marieta fuera legal en el país. Andrea estaba furiosa con sus amistades y vecinos por

DIAMANTES ROSAS

haber callado tanto tiempo sobre lo que pasaba con su esposo y su cuñada. Andrea enloquecida empezó a tirar todo lo que había en la casa de su madre y que era propiedad de su cuñada. Marieta quería cambiar de lugar todos los muebles, no quería ver los muebles en el mismo lugar donde su esposo había vivido por meses con su cuñada, al mover la cama de lugar encontró a un santo debajo de la cama, un santo con una moneda en la boca. Andrea tenía de frente a San Ramón Nonato, el santo que usaban para tapar bocas. Andrea estaba furiosa.

—Madre, madre…Marieta hizo un hechizo de tapabocas con San Ramón Nonato, ven a mirarlo. Madre, por eso nadie me decía nada, le funcionó el hechizo con San Ramón.

Pasaron tantas cosas por su mente, quería buscar a un hechicero y preguntarle tantas cosas, una de ellas era si Marieta le había hecho algún hechizo para que su esposo cayera en sus brazos. Pero como siempre, el miedo al qué dirán, siempre era más fuerte que todos los sentimientos. A unos días de haber llegado al pueblo, la familia de Andrea se enteró de que los padres de Marieta estaban furiosos al enterarse de la noticia. Los padres de Marieta estaban muy avergonzados y corrieron a Marieta, y se sabía por rumores que Marieta se había ido con una tía a otro estado de la República y que había salido en la madrugada con una maleta en dirección a la central de autobuses. Marieta había mandado a llamar a Alberto para convencerlo de que se fuera con ella, pero él no acepto, alegando que estaba enamorado de Andrea y que ella era el amor de su vida.

Alberto buscó a Andrea en varias ocasiones para pedirle perdón, y en una ocasión lo hizo de rodillas, sin embargo, Andrea no lo perdonó y en una ocasión le dijo:

—¿Por qué con ella? ¿Por qué con la esposa de mi hermano? No puedo perdonarte, te amo mucho y me duele mucho esta humillación, y me duele más mi hermano, no te voy a perdonar nunca.

DIAMANTES ROSAS

Andrea regresó al extranjero destrozada, y paso varios meses llorando y sin poder dormir, había noches qué despertaba gritando. La madre de Andrea estaba muy preocupada por su hija Andrea, porque Andrea había adelgazado mucho. Andrea era muy guapa, y en unos meses encontró a un buen muchacho qué la cortejaba y la aceptó con dos hijos, y en menos de un año ya estaba viviendo con él. Ella recordaba con fuerte sonido las palabras de su esposo, y empezó a vestirse un poco más atrevida, usaba maquillaje, y pronto llegaría un nuevo miembro a la familia. La vida le dio a Andrea una nueva oportunidad para tener una nueva vida, una nueva familia, y a pesar de haber encontrado otra vez el amor, ahora con un hombre más joven que ella, no era totalmente feliz. Primero los celos no la dejaban disfrutar ese amor, el pasado le había dejado en su corazón una huella muy dolorosa, que no había podido sanar, y por si fuera poco, la madre de su actual pareja no estaba de acuerdo con ese amor, no estaba de acuerdo con la diferencia de edades que había entre los dos. La vida le había regalado otra oportunidad a la bella Andrea, sin embargo, a Marieta no le había ido nada bien, después de haberlo tenido todo, una mala decisión le había cambiado la vida, trabajaba muy duro para mantener a sus dos hijos, ya que ninguno de los dos padres de sus respectivos hijos la apoyaban económicamente, ahora vivía en un país donde no había oportunidades de trabajo, sobre todo para las mujeres, ahora vivía en un país donde a los padres no se le obligaba a mantener a sus hijos hasta la mayoría de edad. Los padres de Marieta habían sido muy duros con ella, y pasaban de vergüenza en vergüenza con los actos de Marieta. Los padres de Marieta sabían acerca de los dos hijos de Marieta, y estaban muy molestos, muy molestos de saber que lo había perdido todo por un hombre que no le apoyó en el momento que más lo necesitaba, y sobre todo había perdido la oportunidad de ser legal en un país extranjero. Para los hijos de Andrea no había sido nada fácil, en esa casa se llevaba años sin mencionar el nombre de su padre, Alberto y para el hermano de Andrea, Esteban, tampoco había sido fácil, se había encerrado en su soledad y Andrea se sentía culpable. Nació la nueva integrante de la familia, una beba hermosa a la que llamaron Valentina, que llegó unir más a la joven pareja de Andrea y Alejandro. Sin embargo, la noticia no hizo feliz a la madre de Alejandro, no aceptaba a la niña y tampoco aceptaba esa relación, sin embargo, Andrea y Alejandro estaban felices con su hija, estaban felices con el fruto de su amor. Alejandro le mostraba su amor a Andrea en cada momento, sin embargo, Andrea ni con una hija de Alejandro se sentía segura de su amor, y lo celaba cuanto podía, Alejandro le tenía mucha paciencia porque comprendía por lo que Andrea había pasado con su esposo en su primera relación. Había días que Andrea comparaba a su actual pareja con su ex esposo. Andrea se desesperaba porque estaba acostumbrada a siempre tener dinero extra para emergencias y con

Alejandro iban al día. Su ex esposo era bastante responsable y bastante trabajador.

Andrea lloraba a escondidas algunas veces cuando se desesperaba o salía una emergencia económicamente y no tenía un fondo de reserva como en el pasado lo tenía. Las razones por las que siempre discutían eran porque la madre de Alejandro, su actual pareja, le mandaba mucho dinero a su madre. La madre de Alejandro estaba acostumbrada a gastar dinero en cantidades grandes y su hijo era el que pagaba las cuentas. Alejandro seguía pagando las cuentas de su madre, Alejandro ya no era soltero, ya tenía una familia que dependía de él y seguía pagando las cuentas de su madre. Había días que Andrea se remontaba al pasado y pensaba:
—Dios mío, yo lo tenía todo, ¿en qué momento lo perdí todo?, y según él fue por ser tímida, por no vestirme provocativa.

Después de diez años, Andrea regresó a su país para disfrutar las vacaciones con sus hijos y sus padres. Habían pasado diez largos años desde que perdió su primera familia, habían pasado diez años desde que había encontrado a su exesposo con su cuñada en la casa de sus padres. Andrea se sentía nerviosa, inquieta, Andrea había cambiado mucho, estaba más delgada que hace diez años, pensaba diferente, sin embargo, no había podido superar su timidez al cien por ciento. El primer día que llegó a su país, Andrea no pudo contener el llanto, no por amor a su exesposo, simplemente recordó la humillación que había sufrido hace años. Andrea se dispuso a disfrutar sus vacaciones con sus hijos y se fue a una fiesta del pueblo, fue una sorpresa encontrarse después de diez años con su exesposo, y sobre todo enterarse de que tenía de novia a una niña de 16 años, una niña más joven que su hija. En esa fiesta también encontró a la mujer que había sido su cuñada, que no hizo más que mirarla toda la noche.

En un momento se acercó el padre de sus hijos para saludarlos, el niño lo ignoró y la niña no pudo contener sus sentimientos y se desmayó, Andrea la levantó molesta y después de que su hija se recuperó de la impresión, se retiraron de la fiesta. Esa noche Andrea se la pasó llorando en silencio, pensando en todo el dolor y sufrimiento que habían pasado sus hijos por una calentura pasajera de dos personas inmaduras. Y al final llegó a la conclusión que, de una manera a otra, ella y su familia habían superado ese dolor y habían logrado una familia y una felicidad que ellos no tenían después de diez años.

Capítulo IX

La pérdida de un hijo.

SOL BARRIENTOS
Aleida Cabrera.

Aleida era una muchacha guapa, blanca, con una cara bonita y con un cuerpo rollizo, no muy agraciado.

Aleida creía que por el sólo hecho de ser blanca se lo merecía todo. Aleida había llegado al extranjero cuando era una niña, se había mudado con su familia, habían abandonado el país para buscar mejores oportunidades de vida. Aleida tenía un lenguaje muy rudo, y algunas veces hasta grosero. Ella era una muchacha ambiciosa, aunque, vestía muy sencilla y no sabía nada de marcas y modas. Ella era una muchacha muy inculta, no le gustaba leer, decía que le aburría y que era una tontera, sin embargo, quería y sentía que merecía tener a un esposo millonario y guapo.

Un día conoció a un muchacho que le hablo bonito y empezó a salir con él, el muchacho era moreno, no era guapo y tampoco de

DIAMANTES ROSAS

dinero como ella hubiera deseado. Aleida era de temperamento ardiente, y no tenía pudor para andar de cama en cama y así hasta que un día salió embarazada y se casó, para su buena suerte se encontró con un hombre muy bueno y responsable.

La personalidad de Aleida era muy dura, y aun estando embarazada siguió trabajando pesado, no se cuidaba y hacia una vida normal. La madre de su esposo se molestaba con ella muy a menudo, no le gustaba como trataba a su hijo, ni como lo atendía y sobre todo la manera en que llevaba el embarazo.

Llego el día del parto, y el niño nació muerto, según el diagnóstico, el niño ya estaba muerto desde antes de nacer. Su suegra estaba furiosa y le echaba en cara la muerte de su nieto, le decía que no quería a su hijo y que por eso no quería tener un hijo de su hijo. Aleida lloraba a mares la muerte de su hijo, y se arrepintió mil veces de no cuidar y proteger a su bebé desde que estaba en su vientre. Se arrepintió tantas veces por seguir tan ignorante como eran en su país, como era en su pueblo. Los meses pasaban y llego el día del niño y Aleida se preparaba con un montón de juguetes, le compró varios carros de juguetes, entre ellos una patrulla de policía, un autobús amarillo escolar, un carro rojo convertible y una mini ambulancia y se dirigió al cementerio a la tumba de su hijo. Mientras sacaba de una bolsa, los juguetes pensaba, y platicaba con su hijo. —Roberto nunca te voy a mirar subir, ni bajar de un autobús escolar como los niños de la colonia, quizá cuando crecieras me ibas a decir que querías estudiar para policía, y cuando fueras un adolescente me ibas a decir que querías un carro rojo convertible.

Se llevó una silla para pasar todo el día con él, para pasar el día con su primer hijo. Aleida también le llevó un globo con la figura de Mickey Mouse y lo amarro en la cruz de la tumba, le canto canciones de niño, la rueda de San Miguel, los diez elefantes, allá en la fuente, pimpón y le lloró un mar en su tumba y le contó cómo lo esperó por

DIAMANTES ROSAS

meses y nunca llegó, también le pidió perdón por no cuidarlo, por no ser una buena madre.

Todos en la familia estaban muy preocupados por la actitud que había tomado Aleida como para con su hijo, salía del trabajo y pasaba por el cementerio a ver a su hijo, antes de llegar a la casa. La madre de su esposo le gritaba a diario en su cara que era una hipócrita, una mala mujer y una mala madre. Pasó un mes y llego el día de las madres, y ella se fue a pasar el día de las adres al cementerio a lado de la tumba de su hijo, mientras otras madres bailaban festejando su día, Aleida le lloraba a su hijo que nació muerto.

Ese primer día de mayo fue el primer día de las madres que festejaba sin su hijo, el más triste de su vida. Pasaron los meses y Aleida lloraba de día y noche la ausencia de su hijo. Llegó el mes de julio, llegó el 4 de julio y lo fue a festejar a la tumba de su hijo, preparando comida y llevando globos de color azul y rojo y colocando una bandera en su tumba, su esposo la acompañaba y platicaba con ella en el cementerio. Aleida seguía trabajando al igual que su esposo día a día. Llegó el mes de octubre, y llegó el día de Halloween. Aleida compró dos calabazas, veladoras color naranja, una canasta en forma de calabazas llena de diferentes dulces y se las llevó a su hijo a la tumba. Aleida pensaba que traje le hubiera puesto a su hijo ese día si él viviera. Los meses corrían hasta que llegó noviembre, llegó el día de muertos y después el día de los angelitos, y le llevó un montón de dulces, comida, y juguetes que le había comprado antes de nacer. Y así llegó diciembre, y con diciembre, la Navidad y el año nuevo sus padres se la pasaron todo el día en la tumba, en aquel cementerio. En la tumba había un pinito de navidad y accesorios navideños que Aleida le había llevado a su hijo. De nuevo el tiempo corría y llegó un nuevo año, y llegó el mes de enero, el día de los Santos Reyes, y Aleida le había comprado un juguete nuevo a su hijo, a su primer hijo varón. Pasaron los meses y llegó el mes de marzo y la Pascua llegó, y Aleida ya estaba lista con los huevos y el conejo para adornar la tumba y compartir el día de pascuas con su hijo.

Los meses corrían y los años pasaban y Aleida acompañaba a su hijo en los días festivos. Al tercer año Aleida recibió una sorpresa por parte del doctor…Aleida estaba embarazada, y ella estaba feliz y aterrada de volver a perder a su hijo. Ahora Aleida cuidaba a su hijo desde su vientre, ahora sabía por experiencia que a un hijo se le cuida desde antes de nacer. A los cuatro meses recibió la noticia que era una niña. Aleida estaba feliz, sin embargo, tenía mucha ansiedad y cuando no empezaba a sentir los latidos de su hija, salía corriendo al hospital, sin importar dónde estuviera. Aleida tenía mucho miedo de volver a perder a su segundo hijo.

Había madrugadas que salía de su casa de emergencia al hospital para chequear que su hijo seguía con vida, y así en esa agonía

SOL BARRIENTOS

Aleida dio a luz a una niña hermosa, blanca y el mismo retrato de ella cuando nació, decía la madre de Aleida. Ella tenía tres meses en su trabajo para regresar después del parto, sin embargo, Aleida no regresó a trabajar, ella estaba vuelta loca de amor por su hija y felicidad, tanto que decidió cuidar a su hija hasta que creciera un poco más, y poder disfrutarla al máximo.

Capítulo X

La viuda.

SOL BARRIENTOS
Valentina Miramontes.

Valentina había crecido en un pueblo cerca de la ciudad. Los padres de Valentina eran de condición humilde, tanto qué a veces no tenían ni para comer, y menos para comprarle ropa, y zapatos a sus hijos. Valentina tenía dos hermanos varones, qué la cuidaban mucho. Valentina era muy bonita, tenía una piel suave y aperlada, cara de ángel y un cuerpo hermoso, a pesar de no usar ropa bonita y nueva, Valentina lucia hermosa.

Valentina era una muchacha muy alegre y ser pobre no le incomodaba para nada y tampoco la cohibía, Valentina tenía amigas de dinero desde la infancia que conservó de adulta. Los fines de semana llegaban al pueblo vendiendo ropa usada, nueva y también llegaban a vender frutas y verduras a buen precio. Se había corrido la voz entre las jóvenes que un muchacho muy guapo

DIAMANTES ROSAS

estaba llegando al pueblo los domingos para vender frutas y verduras.

La curiosa Valentina no lo pensó dos veces para conocer al famoso galán del qué las muchachas del pueblo hablaban, así que se las ingenió para mirarlo a escondidas desde la ventana de una de las casas de sus primas. Pasaron los meses y Valentina no se animaba a saludarlo, así qué le pidió un favor a su prima, y le dijo qué le prestara dinero y que le prestara sus zapatos para poder acercarse a ese muchacho qué llegaba.

Valentina nunca había sentido pena por su pobreza, pero esta vez lo sentía y no sabía el porqué, Valentina se puso los zapatos de su prima y se dispuso conocer a Ezequiel con el pretexto de comprar un par de manzanas, Ezequiel quedó impactado e inmediatamente le preguntó su nombre y la invitó a tomar un helado. Valentina y Ezequiel eran almas gemelas, tenían tanto en común, y así pasaron los meses conociéndose, Ezequiel era muy espléndido con ella y le daba muchos regalos y Valentina se dejaba querer, por supuesto inmediatamente se dio cuenta de que Ezequiel no era un hombre abusivo que iba a pretender cobrarse los regalos a la mala, Ezequiel era muy respetuoso con ella.

Los padres de Ezequiel estaban muy preocupados, porque Ezequiel regresaba muy tarde del pueblo, y la madre de Ezequiel sospechaba algo, Ezequiel se arreglaba, se perfumaba y no veía la hora de qué fuera fin de semana. La astuta madre de Ezequiel le pidió a su hijo Fernando qué acompañará a su hermano al pueblo a vender con el pretexto de qué estaba muy peligroso el camino. Fernando quedó impresionado con la belleza de Valentina desde el primer día qué la conoció, y a medida que pasaban los meses también se enamoraba de ella, sentimiento que guardó en su corazón y en silencio. Un día en la cocina, mientras la madre de Ezequiel le servía de cenar a Fernando, le pidió qué le contara, el motivo por el cual su hermano

Ezequiel se demoraba tanto en regresar del pueblo. Fernando le contó la verdad, le dijo que su hermano tenía una novia en el pueblo y qué no se animaba a comentarles nada por miedo a qué la rechazaran.

La madre de Ezequiel estaba muy molesta con la confesión de Fernando y se lo comentó a su esposo y llegaron a la conclusión de que la mejor manera era alejarlo de la muchacha, diciéndole qué ya estaba pronto a terminar sus estudios profesionales y lo mejor era qué dejara de ir a vender a los pueblos y se dedicara a terminar sus estudios. Ezequiel no estaba de acuerdo, sin embargo, acepto para no discutir con ellos. Ezequiel, antes de tomar la decisión, le contó lo sucedido a Valentina. Valentina aceptó verse cada quince días mientras terminaba sus estudios.

El día qué Ezequiel se graduó de la universidad les dio la noticia a sus padres que tenía novia, que estaba muy enamorado de ella y qué se iba a casar. Los padres de

Ezequiel se opusieron a ese matrimonio rotundamente, sin embargo, Ezequiel hizo oídos sordos a los comentarios de sus padres y un día llevo a Valentina para presentárselas. La madre de Ezequiel estaba furiosa y no pudo contener su ira, le grito a Valentina en su cara qué era una oportunista y qué no quería a su hijo.

Ezequiel se fue con Valentina, indignado y se casó con ella sin la presencia de sus familiares y se fue a vivir a otra ciudad, lejos de sus padres. Ezequiel no vivía con los lujos que estaba acostumbrado, sin embargo, vivía honestamente. Ezequiel había comprado una casa después de un par de años y Valentina se dedicaba desde el primer día a su hogar, con la llegada del primer nieto, los padres de Ezequiel se ablandaron un poco y con la llegada del segundo nieto fueron dando su brazo a torcer. Ezequiel era un poco orgulloso, el tiempo todavía no había borrado de su corazón la forma como actuaron sus padres con Valentina cuando él se las presentó. Y

DIAMANTES ROSAS

su mente tampoco había olvidado todos los desprecios y sufrimientos que habían pasado por culpa del rechazo de sus padres. Ezequiel no podía sacar de su mente qué sus padres no aceptaban su felicidad.

Ezequiel pensó muchas veces:
—¿Dónde está el amor de los padres? ¿Por qué dicen que los padres dan todo por los hijos para que sean felices?
Ezequiel no aceptó el ser infeliz para qué sus padres fueran felices. Valentina era muy noble y olvidó muy pronto todo aquel sabor amargo a causa de no pertenecer a un nivel económico al que su esposo pertenecía.

Ezequiel era un hombre muy inteligente, muy guapo y con mucha personalidad. Ezequiel y Valentina vivían en una colonia privada donde vivía gente de todo tipo, algunos con más educación qué otros. Valentina era en la colonia muy popular por su belleza y su bondad, muchos hombres la deseaban. Había en lo personal un vecino qué la veía con morbo, a Valentina le molestaba la forma en que la miraba y algunas veces sintió mucho miedo, y muchas veces sintió un escalofrío que recorría todo su cuerpo cuando ese hombre la miraba con deseo. Valentina y Ezequiel habían decidido tener un hijo más, Valentina tenía la esperanza de poder darle a su esposo una hija, y así ser inmensamente feliz.

Valentina vivía en un sueño, ella era la Reina y su esposo el Rey, y solo faltaba la princesa en ese palacio.

Un día, un domingo, los hijos varones de Valentina salieron a jugar al patio fútbol con la nueva pelota qué su padre les había comprado. El hijo del vecino era un niño lleno de carencias tanto económicas como de amor. El hijo del vecino era un niño muy agresivo con todos los niños de la colonia, y ese día les quitó la pelota a los hijos de Valentina, no era la primera vez qué ese niño les quitaba los juguetes a sus hijos, sin embargo, Ezequiel no pudo ver como sus hijos entraban a su casa llorando porque el hijo del vecino le había quitado la pelota.

DIAMANTES ROSAS

Ezequiel y Valentina estaban mirando la televisión y de un brinco, Ezequiel se levantó del sofá y se dirigió a la casa del vecino para recoger la pelota, sin embargo, no fue nada fácil recuperar la pelota ya qué el padre del niño no sé la quería dar, y hasta hubo empujones y amenazas.

En el momento que salía de la casa del vecino recordó ese sueño donde una gitana le decía:
—Cuídate de los celos qué te rodean, veo un cuchillo en tu espalda.

Ezequiel llegó a su casa con la pelota y sus hijos estaban felices, y les dijo en el momento de entregarles la pelota, yo daría mi vida por verlos felices, yo los amo. Al día siguiente, un lunes, Valentina se levantó de su cama como cada día para preparar el desayuno de su esposo, le hizo unos huevos fritos con jamón y espinaca con tortillas hechas a mano, servido con un café a la olla. Se fue a su trabajo despidiéndose con un beso y un abrazo de Valentina, y salió de la casa como siempre vestido de traje sastre, con un paso firme y con la cabeza en alto, y se fue caminando a su trabajo, su trabajo estaba cerca de su casa, a tan solo seis cuadras.

Ezequiel no se había percatado que estaba siendo espiado por el vecino, y qué lo seguía con un arma blanca que le incrustó en su espalda y que acabó con su vida. El vecino salió corriendo, la envidia y el odio lo habían cegado hasta al grado de convertirse en un asesino, en un prófugo de la justicia. Las puertas de la casa de Valentina eran golpeadas fuertemente y alguien gritaba con desesperación:

—¡Está muerto! ¡Mataron a tu esposo!

Valentina salió corriendo a abrir la puerta, sus hijos ya se habían ido a la escuela,y corrió al lugar donde estaba tirado su esposo lleno de sangre y con ojos abiertos. Valentina había salido descalza de su casa sin darse cuenta, y al mirarse abrazando a su esposo ya muerto y sus pies descalzos, recordó el día qué lo conoció y el miedo invadió su corazón y pensó en sus hijos.

El cuerpo se trasladó a la casa de los padres de Ezequiel y Valentina y sus hijos se quedaron en la casa de sus suegros, ellos le pidieron a Valentina qué se quedara, en su casa con sus hijos.
Después del entierro, Valentina cayó en una depresión muy fuerte, tanto qué llego a olvidar qué estaba embarazada. Pasaron los meses y nació su hija.

El hermano de Ezequiel seguía soltero y seguía enamorado de Valentina, enamorado en silencio de ella. Fernando se fue ganando la confianza y el cariño de Valentina, y un día le confeso el amor qué sentía por Valentina.
Los padres de Ezequiel se sentían culpables por la muerte de su hijo, por no haber aceptado a Valentina, por haber alejado a su hijo de su lado y por obligarlo a vivir en carencias rodeado de gente extraña y de un nivel diferente al que Ezequiel estaba

acostumbrado. Los padres de Ezequiel se sentían muy mal, por la muerte de su hijo y sobre todo porque conocían a Ezequiel y sabían qué era orgulloso y rencoroso. Ellos sabían que se fue sin perdonarlos, entonces ya no quisieron volver a cometer el mismo error, y aceptaron el matrimonio de su hijo con Valentina, también pensaron qué era lo mejor para sus tres nietos.

Pasó el tiempo y Fernando era muy cariñoso con Valentina, sin embargo, algunas veces cuando tomaba alcohol le reprochaba a Valentina que no lo quería como a su hermano y que sentía qué no lo había olvidado, entre reproches y celos, Valentina tuvo dos hijos de Fernando.

Fernando hacía mucha diferencia entre sus hijos y los hijos de su hermano, a sus hijos los llenaba de cariño y juguetes, y a sus sobrinos los insultaba y los castigaba con golpes.
El tiempo pasó y los cinco hijos de Valentina crecieron, Los dos hijos de

DIAMANTES ROSAS

Fernando eran gais y la hija de Valentina y Ezequiel se fue de la casa, huyendo de los golpes y maltratos de su tío, y cayendo en los brazos de un hombre flojo e inmaduro, Ytala tomó el camino de la infelicidad y nunca pudo perdonar a su madre por no haber tenido el coraje de defenderlos de los golpes e insultos de su tío.

Ytala murió de cáncer a causa del odio acumulado qué siempre sintió por su madre. Muchos decían qué murió de cáncer causa de un castigo divino por haber usado el nombre de Dios, ya que su esposo se convirtió en pastor de la religión cristiana con el objetivo de no trabajar y tener dinero de una manera fácil, engañando a la gente, puesto que los dos llevaban una doble vida, ellos tomaban, se drogaban y tenían una gran cantidad de amantes.

Los hijos de Fernando siempre vivieron llenos de lujos y cariño, y se convirtieron en artistas, tenían la belleza y el don.

SOL BARRIENTOS

Los hermanos de Ytala se fueron de la casa muy jóvenes, cumpliendo 17 años a causa del maltrato del tío, y se casaron e hicieron una familia muy jóven.

Capítulo XI

La traición.

SOL BARRIENTOS
Carolina Ferrer.

Carolina Ferrer era una muchacha guapa con algunas malas experiencias en la vida, sin embargo, sabía lo que quería y lo que no quería para su vida. Carolina era alta, delgada, con unas facciones no muy finas y con un pelo negro que le llegaba a la cadera. Carolina llegó al extranjero con sus hermanos y hermanas a una edad adulta. Carolina era una muchacha guapa, inteligente y muy seria. Carolina pasaba sus días leyendo libros y reflexionando acerca de ellos. Los hermanos de Carolina la ayudaron a buscar trabajo a unos días que llegó al extranjero, y ella estaba muy feliz. Carolina era muy inteligente y se desempeñó muy bien en su trabajo. Pasaron los meses y Carolina conoció a un muchacho muy guapo en el trabajo que empezó a cortejarla, y en ese momento empezaron las envidias entre sus compañeras. En ese momento Carolina empezó a vivir la gloria con Jacob y el infierno con sus compañeras, Carolina tenía sentimientos encontrados en cuanto a su trabajo. Jacob era un hombre muy guapo, el hombre ideal para cualquier mujer, era un hombre blanco con unos ojos azules, muy coquetos, alto, delgado y muy detallista. Carolina se enamoró perdidamente de Jacob, sin embargo, nunca perdió la compostura y el recato. Carolina era virgen y había decidido perder la virginidad hasta casarse de blanco. Carolina vivía en los tiempos donde la virginidad ya no era una moda y a su edad menos. Jacob se enamoró de ella por su inteligencia y su forma de pensar, Jacob era muy liberal, sin embargo, respetaba sus ideas y costumbres de Carolina. A los pocos meses de noviazgo, Jacob ya le estaba pidiendo matrimonio y Carolina aceptó muy enamorada.

Carolina se casó y en su trabajo empezaron las habladurías, decían que Jacob sólo se había casado con ella por su virginidad y que en unos meses la dejaría, que los extranjeros eran muy fríos y que siempre la iba a dejar con ganas. Carolina se embarazó muy rápido a los pocos meses de casada y dio a luz a un varón idéntico a su esposo. La madre de Carolina no pudo viajar para acompañarla el día del parto, sin embargo, sus hermanos no faltaron el día que dio a luz. Una de sus hermanas llamada Celia ya casada con dos hijos, Celia era menor que Carolina y la más chica de la familia se ofreció ayudarla en los días de cuarentena. Celia no trabajaba y se dedicaba de tiempo completo a sus hijos, así que se la pasaba en la casa de Carolina de día y de noche ayudándola. Celia estaba casada con un hombre bueno, nada guapo en comparación con el esposo de Carolina. Un día Carolina los mandó a la tienda a comprar algunas cosas a ambos, en el camino Celia y Jacob dialogaron varias horas. Un día llegó Celia a la casa de Carolina y ella no estaba había ido al pediatra y Jacob acababa de llegar del trabajo. Jacob empezó a platicar con Celia y poco a poco fue acercando a ella, Jacob sabía y sentía que le gustaba mucho a Celia, así que aprovechó la situación y empezó a acariciarla en ausencia de Carolina.

Celia no pudo rechazar a Jacob y se dejó llevar olvidándose de su hermana. Jacob era un hombre muy guapo y muchas veces Celia se preguntó ¿cómo su hermana Carolina había hecho para casarse con un hombre tan fino, tan guapo y elegante? Celia había soñado muchas veces en tener un hombre tan guapo como Jacob, Celia era la más guapa de la familia, tenía una cara muy bonita y un cuerpo muy bien formado, y Jacob ya era un hombre con experiencia, con bastante experiencia en la vida, Jacob era mayor que Celia más de 10 años. En unos minutos después que Jacob la acariciara, Celia sin darse cuenta ya estaba teniendo un orgasmo a lado de su cuñado, Celia se sentía realizada como mujer, su esposo nunca la había complacido en lo sexual como lo había hecho Jacob. Celia era una joven soñadora e inmadura y pese a que estaba casada y con dos hijos, la vida no le había enseñado a madurar, sin embargo, esta experiencia la había hecho pensar muchas cosas, hubo momentos que lloró de arrepentimiento y hubo noches que en su lecho extrañó aquel hombre, era un hombre y ella una mujer. Celia quedó embarazada de Jacob y tuvo un niño blanco y hermoso, el niño era muy diferente a sus otros dos hijos. Celia vivió en angustia desde el día que se embarazó de Jacob, tenía miedo de que su hermana se enterara, y algunas veces cuando platicaba con Carolina no pudo sostenerle la mirada y la bajaba al piso, como avergonzada. Carolina fue al hospital para acompañar a Celia cuando dio a luz a su tercer hijo, sin embargo, se sorprendió cuando vio al niño, y un dolor sintió en su corazón y sintió muchas ganas de llorar, sin embargo, controló su sentimiento y ya regresando a casa, Carolina miraba a Jacob con signos de interrogación.

Desde ese día, la duda albergó su corazón y Carolina trataba de convencer a su corazón y a su mente que estaba celosa de su hermana, porque su esposo era muy guapo, pero que Celia era su hermana y la amaba y que jamás le causaría ese daño. Carolina guardó esa duda en su corazón, sin embargo, nunca le dijo nada a Celia de sus sospechas. Carolina miraba a Jacob como angustiado y por las noches lo miraba levantarse y durar horas en la sala pensando. Un día llegando los dos al trabajo, Jacob le dio la noticia a Carolina de que lo habían despedido del trabajo y que no iban a poder pagar la hipoteca de la casa, y que con el sueldo de ella no iban a poder pagarla, desde ese momento Jacob entró en una depresión muy fuerte. Jacob empezó a buscar trabajo y los meses pasaban y no encontraba trabajo, en unos meses el banco ya le estaba quitando la casa. Carolina estaba desesperada, amaba mucho esa casa y la había decorado a su gusto, era su sueño tener una casa, y ahora ese sueño se le esfumaba de sus manos.

Carolina y Jacob tuvieron que rentar un apartamento económico, desde ese día empezaron los sufrimientos y la zozobra de tener un lugar seguro donde vivir, y en esa penumbra Carolina se embarazó por segunda vez, dando a luz a unas gemelas hermosas de ojos azules. Carolina estaba feliz, Jacob tenía sentimientos encontrados con sus hijas gemelas, felicidad y angustia, dos bocas más que mantener. Un día Celia llego llorando a la casa de su hermana Carolina, Celia se había enterado de que su esposo Cristian la estaba engañando y de que no había hecho los pagos de la casa y que el banco los estaba desalojando de su hogar y por si fuera poco Cristian había perdido su trabajo. Celia ganaba muy poco en su trabajo y mientras su esposo encontrará un trabajo, ella tenía la obligación de pagar el apartamento, alimentos y gasto de los niños. Carolina le ayudó a Celia a buscar un apartamento. El apartamento que le ayudó a buscar Carolina a Celia fue lejos de donde ella vivía, ya que no quería alimentar los monstruos de la duda que tenía con respecto al tercer hijo de Celia, había veces que se le pasaba por la mente hacerle la prueba de ADN al niño y terminar con esa duda que había veces que la mataba, pero tenía mucho miedo, miedo de que la prueba de ADN resultara positiva.

Carolina pensaba:

—¿Dios mío, qué hago, y si fuera verdad lo que mi corazón siente, y lo que mi mente piensa? ¿Qué haría yo con mi hermana y qué haría con mi esposo?

Carolina cambió mucho después que nació el tercer hijo de Celia, se portaba más desconfiada con Jacob, se alejó un poco de sus hermanos, y se le veía muy pensativa y distraída en el trabajo, todos pensaron que quizá era porque su esposo ya no trabajaba con ella en el mismo lugar. Carolina siempre fue una persona seria, sin embargo, esa duda que sentía con el hijo de Celia la hizo más dura. Carolina siempre fue muy reservada para hacer amistades y después se volvió muy desconfiada, ya no entregaba su amistad como antes. Celia vivía un infierno con su esposo, ya que la amante no se daba por vencida y le hablaba por teléfono y también le mandaba mensajes por las noches, hasta que un día Celia le puso un ultimátum, o dejaba de ver a esa mujer o se separaban. Un día de tantos, mientras

Cristian se bañaba muy confiado, Celia remarcó las llamadas que tenía y hablo con la mujer, al contestar, Celia reconoció la voz, era la voz de su mejor amiga, la voz de su amiga Sandra, se quedó muda. Sandra era casada con dos hijos y seguía con su esposo por qué le daba una buena vida, y no tenía que trabajar. Mientras tanto, Carolina seguía trabajando en el mismo lugar, aguantando difamaciones, y humillaciones, Jacob caía en depresiones por temporada y hubo veces que cayó en las drogas. Los hijos de Carolina crecieron muy rebeldes, se drogaban, las gemelas tenían una vida muy pervertida, nada que ver con Carolina, los hijos de Carolina seguían los pasos de su esposo, y Carolina se la vivía de preocupación en preocupación.

Capítulo XII

La lujuria.

SOL BARRIENTOS
Alondra Tuzcano.

Alondra Tuzcano despierta y se encuentra internada en un hospital Psiquiátrico. Alondra pregunta bastante confundida a la enfermera:

—¿Dónde estoy? ¿Qué hago en esta cama?

La enfermera se dirige a la ventana y las abre de par en par, y un sol hermoso se puede mirar, la enfermera le dice en ese momento: —Buen día, Alondra. Tú estás en un hospital curando tu corazón, tu mente, y has pasado seis meses en este hospital.

—Alondra ¿Cómo te sientes?

Alondra era delgada, bajita, de una piel blanca de descendencia alemana, madre alemana y padre mexicano, vivía en México y había estudiado la carrera de licenciada en derecho, llevaba años ejerciendo su carrera, era soltera y tenía su propia casa y un carro.

DIAMANTES ROSAS

Vivía lejos de su madre, a la cual visitaba con regularidad.

Alondra había caído en depresión después de la muerte de su madre, años atrás había muerto su padre. Ella de repente, sin su madre, se sintió sola, muy sola, desprotegida y un miedo hizo que se apoderara de ella.

Después de la muerte de su madre a Alondra se le miraba nerviosa y muy agresiva, a unos meses de la muerte de su madre perdió su trabajo como consecuencia al maltrato a todos sus compañeros.

Una de sus hermanas firmó para que la internaran en el hospital psiquiátrico, ya que pensó que era la única manera de apoyarla, Alondra tenía dos hermanas mayores que ella. Las dos hermanas tenían una vida normal ante la sociedad, un esposo e hijos, y Alondra habían decidido no tener hijos y tampoco casarse.

Alondra había vuelto en sí, y lloraba a mares y con un gran dolor, a su mente venía una escena retrospectiva, era una niña de ocho años, acostada en el monte, bajo un puente abandonado, desfilando siete hombres para penetrarla y saciar sus ganas en su pequeño cuerpo. Solo se escuchaba a la niña quejarse tras cada penetración de los muchachos adolescentes, ese acto se repetía dos veces por semana, Alondra acudía a la cita a la misma hora y los mismos días de la semana.

En aquellos años estaba de moda el cine, aquellos llamados húngaros traían cine y circo al pueblo. Los húngaros o gitanos viajaban de pueblo en pueblo. Los gitanos llegaban al pueblo y de día visitaban algunas casas para leer el futuro, mucha gente les temía porque se sabía que eran unos ladrones muy audaces, al leerle el futuro al cliente le pedían los anillos de oro o aretes de oro que traía en ese momento. Además, se tenía el mito que los gitanos se robaban los niños con dones clarividentes, y por las noches los húngaros ofrecían cine, la gente acudía con sus sillas para ver cada película, los mayores asistían al cine, y mientras los padres de Alondra asistían al cine, Alondra asistía a su cita con siete hombres. Uno de ellos siempre se preguntaba quién había sido el primero que abuso de la niña, ninguno de ellos había sido el que la había desvirgado, se le venía a la mente que quizá haya sido el padre, algún primo o algún vecino. Los siete adolescentes eran temidos por el pueblo, porque robaban, amenazaban y golpeaban a muerte al que trataba de defenderse. Eran hermanos y primos, también se drogaban con cocaína. Alondra asistió a la cita por tres años consecutivos, hasta que mataron a los muchachos en una entrega de cargamento de droga.

Alondra creció y llego la adolescencia, siendo una muchacha sería y muy retraída, casi no tenía amigas, todas la tachaban de rara. Sus amigas tenían novio y la presionaban para tener novio, Alondra era muy guapa y con bastante busto y eso hacía que muchos muchachos la regresarán a ver. Alondra aceptó tener un novio, el muchacho no era muy guapo, pero era buen muchacho. Una noche saliendo de una fiesta, Víctor la llevo en su carro a su casa, Alondra había tomado mucho y al llegar a su casa, Víctor se estacionó a unas cuadras antes de su casa y empezó a acariciarla, aprovechándose de la situación hasta que la penetró. Cuando la penetro se dio cuenta de que no era virgen y solo calló y la dejó en su casa. Víctor tardó varias semanas en buscarla, y cuando la vio le preguntó:

—¿Quién fue el primero?

Ella contestó que él, Víctor no le creyó y desde ese día visitaban los hoteles con regularidad, y sólo la buscaba para tener sexo, pasaron un par de meses, y Víctor empezó a engordar y después a hincharse, Alondra nunca había ido con el ginecólogo y por tres años siendo niña había tenido relaciones sexuales con hombres enfermos de enfermedades venéreas.

Víctor fue al doctor y el doctor le dijo que estaba enfermo y que su pareja lo había contagiado de varias enfermedades y que su cuerpo estaba hinchado por qué había contraído infecciones. El día que Víctor la dejó y le gritó en su cara que la dejaba porque lo había contagiado de infecciones, Alondra hizo una cita con una ginecóloga para curarse, y recordó en su mente aquellas citas que tenía de niña con siete hombres, mientras sus padres estaban en el cine.

Víctor la dejó y Alondra dio rienda suelta a su lujuria, una lujuria que la había atrapado siendo una niña. Cuando ella entró a la universidad conoció a un hombre maduro con el cual tuvo una relación por años, un hombre que no le preguntó quién fue el primero, un hombre con el cual salía a comer, algunas veces dormía con ella, él era soltero e independiente, sin embargo, Alondra nunca le fue fiel. Ella se acostaba con uno y con otro sin importarle nada, sólo le importaba dar rienda suelta a su lujuria, una lujuria que entró a su vida cuando era una niña, una lujuria que un adulto le presentó para quedarse. Había noches que Alondra despertaba gritando, por la misma pesadilla que la había perseguido por años, la misma pesadilla que la había atormentado por las noches. Había veces que tenía hasta miedo de dormir, cuando llegaba tomada de alguna fiesta, podía dormir tranquila, y esta tranquilidad que le brindaba el alcohol la convirtió en alcohólica, sin el alcohol Alondra era una mujer muy tímida y bastante retraída, Alondra era otra persona.

Al salir del hospital sus hermanas la recibieron con un abrazo, y después se dirigió a su casa pensativa acerca de lo que el psiquiatra le había dicho: —"Era ninfómana y que ese deseo sexual exagerado no era normal, y que así se le llamaba a las mujeres que vivían con lujuria y a los hombres se le llamaba satiriasis y que muchas personas que sufren de depresión, estrés, ansiedad o soledad son propensas a ser ninfómanas, que los enfermos de bipolaridad sufrían de lujuria, y que una mujer normal puede tener mucho deseo sexual y controlarlo: elegir con quién lo hace, dónde lo hace, cuándo lo hace, escoger las situaciones más apropiadas, esquivar las

DIAMANTES ROSAS

menos adecuadas; sin embargo, que la mujer ninfómana no podía tomar esas decisiones, que simplemente tenía el impulso sexual y lo seguía, no lo podía manejar".

Era sábado y ya en su cama lista para dormir y abrazando una de sus seis almohadas, decidió ir a misa, buscar una iglesia cerca e ir a misa, puso el despertador y durmió hasta escuchar la alarma.

— «Sabemos que Dios nos ha dado su palabra para que aprendamos de él, le conozcamos, vivamos de acuerdo con su voluntad para nosotros y evitemos a toda costa hacer o ser lo que él abomina».

Esto fue lo que Alondra escuchó en la iglesia cuando decidió vencer la lujuria, no tenía fuerzas para luchar con ese monstruo, sin embago, sabía que así como David salió triunfante ante Goliat, ella también podía acabar con ese monstruo de la mano de Dios, y así fue, Alondra se tomó de la mano de Dios y venció al monstruo que la estaba destruyendo, y alabando a Dios se sintió fuerte y triunfante.

Gracias al monstruo de la lujuria, los panteones y las cárceles están llenos y es la culpable de muchas enfermedades en esta o en futuras existencias como el Cáncer, Sida, entre otras enfermedades venéreas más.

Capítulo XIII

La Donación de órganos y sus mitos.

SOL BARRIENTOS
Victoria Lomelí.

Victoria era una madre de familia, estaba muy preocupada porque su segunda hija necesitaba un donante de médula ósea, si no lo conseguía a tiempo su hija iba a morir, como no producía glóbulos rojos, le ponen sangre. Victoria agregó a su hija a la lista de espera de donadores de médula ósea. Victoria está siempre en contacto con el hospital para saber en qué nivel de espera se encuentra su hija para la donación. Ella espera el turno de su hija para la donación de la médula ósea, ella tiene fe y reza para que Dios mueva un corazón y done una médula ósea para su hija. Victoria mira su licencia de manejo y la licencia dice que no es donante, y en estos momentos piensa que, si llegara a morir en un accidente, si ella de muerta no quería donar sus órganos que ya no iba a usar, quién querrá donar en vida. Ella pensaba en todos los mitos acerca de la donación que existía y eso fue lo que determinó que no quería ser donante al morir. La gente decía

DIAMANTES ROSAS

tantas cosas, que había millonarios que pagaban por órganos y había doctores sin ética que vendían la información de personas que eran donantes, y con la información ellos se encargaban de que tuvieran un accidente y tomar así los órganos que necesitaban. Este mito era el que hacía temblar a Victoria y a muchas personas. Había otros mitos mágicos acerca de la donación, se contaba que en un estado de EE. UU. una niña recibió un corazón de un donante, y que todas las noches la niña que había recibido un corazón tenía una pesadilla que se repetía cada noche. La niña contó que en la pesadilla veía cómo mataban a una niña, el sueño le mostraba el lugar y la fecha que la habían matado. La familia estaba tan angustiada que se dio a la tarea de averiguar cómo había muerto la donante, la respuesta que recibió fue que la niña que había donado el corazón había sido asesinada y que no se había resuelto el caso. La familia del donante habló con la policía y la policía tomó preso al asesino gracias a los sueños de la niña.

Otro mito que Victoria había escuchado era que cuando alguien donaba una médula ósea, el niño tomaba parecido físicamente al donante, como si fuera parte de la familia. Victoria había recibido una llamada del hospital, tenían un donante de células madre de médula ósea y tenían fecha para el trasplante células madre de médula ósea. Ella estaba emocionada pese a las advertencias que había recibido de los doctores de que muchas veces el cuerpo rechaza los trasplantes, y que después de un año se puede saber si el paciente está a salvo, fuera de peligro.

Diana Oliver era una mujer alta, guapa y de cuerpo tosco, casada desde hace 10 años, sin hijos, era la séptima vez que asistía al hospital para recibir una prueba de embarazo, la cual resultó negativa, otra vez. Mientras esperaba los resultados, una doctora recibía una llamada de Victoria para preguntar sobre los donantes de médula ósea y Diana escuchaba la conversación pensativa y al terminar la llamada telefónica,

Diana le preguntó a la doctora cuantos años tenía la persona que necesitaba la donación, y la doctora le dijo que era una niña de cuatro años. Diana actuó inmediatamente y le dijo a la doctora que ella quería donar células madre de médula ósea y le pregunto:
—¿Qué tengo que hacer para donar células madre de médula ósea? Diana Pensaba que, si no podía tener un hijo, tampoco iba a permitir que un niño muriera, así que empezó todo el proceso de la donación. A Diana le hubiera gustado conocer a la niña a quien le iba a donar, pero hasta que pasara un año no iba a poder conocerla, si es que todo salía bien. Ella estaba tan interesada en ser donante de médula ósea, sin embargo, se sentía ignorante con respecto al concepto de donar células madre de médula ósea. Ella tenía muchas dudas con respecto a la donación de médula ósea, y se preguntaba:

—¿Qué es una médula ósea? ¿Quién podía ser donante? ¿Cuál era la importancia de donar la médula ósea? ¿Quiénes no podían donar la médula ósea? ¿Cuáles eran las alternativas al trasplante de médula ósea?

Diana investigó acerca de la médula ósea y se enteró de que la médula ósea en un lenguaje coloquial se le llamaba tuétano, la cual era una sustancia grasa de color blanquecino, rica, esponjosa y sangrienta que se encontraba en el interior de los huesos de los animales y de los humanos. Y que la médula ósea se producía principalmente en las células sanguíneas: glóbulos rojos, blancos y plaquetas. Que los glóbulos rojos transportaban el oxígeno, los glóbulos blancos combatían las infecciones y que las plaquetas eran necesarias para evitar sangrados.

Después que Diana fue identificada como compatible con el paciente que necesitaba el trasplante de médula ósea. Ella fue citada por el hospital más cercano para realizar una revisión médica completa para asegurar su idoneidad para el trasplante. Una vez que se confirmó la compatibilidad y Diana comprobó que se encontraba en buen estado de salud, se le suministró una sustancia denominada factores de crecimiento hemopoyético (G-CSF) durante los 5 días anteriores a la donación. Este medicamento se le administró a Diana por vía subcutánea y su función era hacer que las células madre almacenadas en la médula ósea afloraran al torrente sanguíneo, ya que en condiciones normales su presencia es muy escasa en la sangre. Diana fue informada de los posibles efectos secundarios como dolor de cabeza, de huesos o muscular. La fecha para el trasplante llegó y Victoria llevó a su hija al hospital para el trasplante y Diana asistió para donar las células madre de médula ósea. El trasplante de médula ósea fue todo un éxito, y así pasó un año, hasta que los doctores dieron de alta a la hija de Victoria y entonces Diana pudo conocer a la niña y convivir con ella año tras año, la hija de Victoria fue para Diana su hija, y así dos madres compartieron el amor de una niña.

Gracias a los donantes de células madre de médula ósea, a los donantes de células madre de sangre periférica y a las mujeres embarazadas que donan la sangre del cordón umbilical de su bebé en el momento del parto, que ayudan mientras se encuentra un donante de médula ósea vivo compatible, se han salvado de morir mucha gente.

"Ningún suplicio es más grande que la muerte, y aunque la vida nos provoque dolores, vivir siempre será un gran deleite".

-Sol Barrientos-

www.ingramcontent.com/pod-product-compliance
Lightning Source LLC
Chambersburg PA
CBHW032047090426
42744CB00004B/117